本書の特長と使い方

本書は，ノートの穴うめで最重要ポイントを整り組むことで，中学地理の基礎を徹底的に固めて目指すための教材です。

1単元2ページの構成です。

JN001059

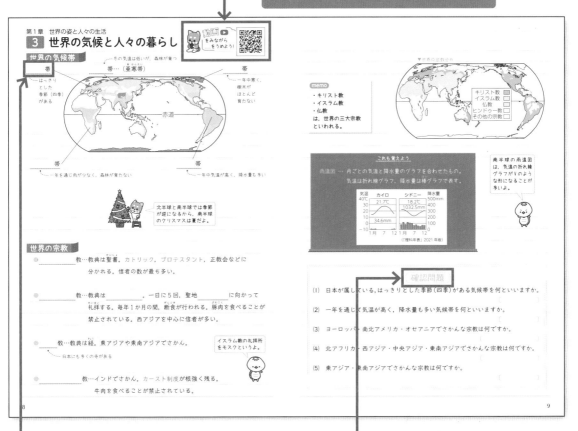

> ここから解説動画が見られます。
> くわしくは2ページへ

❶ まとめノート

授業を思い出しながら，＿＿ に大事な用語を書きこんでいきましょう。
思い出せないときは，
解説動画を再生してみましょう。

❷ 確認問題

ノートに整理したポイントが身についたかどうかを
確認問題で確かめましょう。

登場する
キャラクター

数犬チャ太郎

かっぱ

使い方はカンタン！

ICTコンテンツを活用しよう！

本書には，QRコードを読み取るだけで見られる解説動画がついています。
「授業が思い出せなくて何を書きこめばよいかわからない…」そんなときは，
解説動画を見てみましょう。

▶ 解説動画を見よう

❶ 各ページのQRコードを読み取る

スマホでもタブレットでもOK！
PCからは下のURLからアクセスできるよ。
https://cds.chart.co.jp/books/vwr7mnvdu3

❷ 動画を見る！

速度調節や
全画面表示も
できます

便利な使い方

ICTコンテンツが利用できるページをスマホなどのホーム画面に追加することで，毎回
QRコードを読みこまなくても起動できるようになります。くわしくはQRコードを読み
取り，左上のメニューバー「≡」▶「ヘルプ」▶「便利な使い方」をご覧ください。

QRコードは株式会社デンソーウェーブの登録商標です。　内容は予告なしに変更する場合があります。
通信料はお客様のご負担となります。Wi-Fi環境での利用をおすすめします。また，初回使用時は利用規約を必ずお読みいただき，
同意いただいた上でご使用ください。
ICTとは，Information and Communication Technology（情報通信技術）の略です。

目　次

1 地球のようすと世界の国々

動画をみながら＿＿＿をうめよう！

陸地と海洋

● 地球の表面は，陸地と海洋からなる。

陸地➡ユーラシア大陸，アフリカ大陸，北アメリカ大陸，南アメリカ大陸，

オーストラリア大陸，＿＿＿＿＿＿の六大陸と，島に分けられる。

海洋➡面積の大きい順番で，太平洋，＿＿＿＿＿，＿＿＿＿＿の三大洋と，

その他に分けられる。

世界の地域区分と国々

● 世界は，アジア州，＿＿＿＿＿＿，アフリカ州，北アメリカ州，

南アメリカ州，オセアニア州の6つの州に分けられ，190余りの国がある。

大陸

州

ユーラシア大陸は，世界最大の大陸だよ！

緯度と経度

● 緯度は赤道を0度として，地球を南北に＿＿＿度ずつ分けている。

また，同じ緯度の地点を結んだ線を緯線という。

● ＿＿＿＿＿は本初子午線を0度として，地球を東西に180度ずつ分けている。

また，同じ経度の地点を結んだ線を＿＿＿＿という。

地球儀と世界地図

● _____…地球をそのまま縮めた模型。距離・面積・形・方位を正しく表せる。

欠点：持ち運びがしづらい。

● 世界地図…一度に世界全体を見渡せる。

欠点：平面なので，球体である地球を正しく表せない。

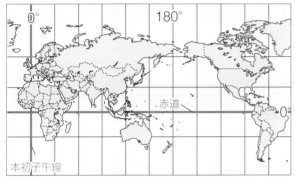

▲緯線と経線が直角に交わる地図

▲中心からの距離と方位
　が正しい地図

これも覚えよう

緯線と経線が直角に交わる地図はメルカトル図法で，
中心からの距離と方位が正しい地図は
正距方位図法で表される。

いろいろな世界地図
があるんだね！

確認問題

(1) 0度の緯線を何といいますか。

〔　　　　　　　　　　〕

(2) 0度の経線を何といいますか。

〔　　　　　　　　　　〕

(3) 三大洋の1つで，面積が世界最大の海洋を何といいますか。

〔　　　　　　　　　　〕

(4) 日本は何という州に属していますか。

〔　　　　　　　　　　〕

(5) オーストラリアは何という州に属していますか。

〔　　　　　　　　　　〕

2 日本の国土と領土問題，時差

動画をみながら＿＿＿をうめよう！

日本の位置と領域

日本の標準時子午線

東経＿＿＿＿＿度線

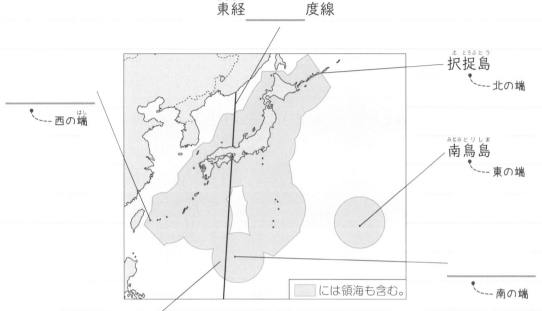

択捉島
`--- 北の端

西の端

南鳥島
`--- 東の端

には領海も含む。

南の端

＿＿＿＿＿…沿岸から 200 海里までの，領海をのぞく水域。
`--- 水産資源や鉱産資源は沿岸国のもの

排他的経済水域が広いと資源がたくさんとれるね！

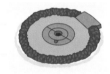

memo

沖ノ鳥島はとても小さな無人島。かつて政府が約 300 億円をかけて護岸工事をしたことで，周囲約 40 万 km^2 の海域が日本の排他的経済水域として維持できている。

領土問題

●＿＿＿＿＿＿…北海道北東部。＿＿＿＿島，色丹島，国後島，歯舞群島は，ロシア連邦が不法に占拠している。

これも覚えよう

竹島 … 島根県。韓国が不法に占拠している。
尖閣諸島 … 沖縄県。中国・台湾が領土だと主張している。

時差

●世界の基準となる時刻は，イギリスのロンドン郊外を通る

本初子午線での時刻とされている。

 グリニッジ天文台が有名だね。

● _____ …各国の時刻の基準となる経線で，

日本は兵庫県明石市を通る東経 135 度。

·---- 本初子午線から東に135度

●地球は 24 時間で 1 回転（360 度）している。

360 ÷ 24 = 15 より，経度が _____ 度違うと時差が 1 時間生じる。

●時差の求め方（例：日本とニューヨーク） ·--- 本初子午線から西に75度

日本は東経 135 度，ニューヨークは西経 75 度なので，

2 地点の経度の差は，135 度 + 75 度 = _____ 度。

210 度 ÷ 15 度 = 14 より，時差は _____ 時間となる。

確認問題

(1) ロシア連邦に占拠されている択捉島，国後島，色丹島，歯舞群島をまとめて何といいますか。 〔　　　　　　　〕

(2) 排他的経済水域は，領海をのぞく沿岸から何海里までの範囲ですか。 〔　　　　　　　〕

(3) 日本の標準時子午線は何度ですか。西経・東経を明らかにして答えなさい。 〔　　　　　　　〕

(4) 経度が何度違うと，1 時間の時差が生じますか。 〔　　　　　　　〕

(5) 島の消失を防ぐために護岸工事を行った日本最南端の島を何といいますか。 〔　　　　　　　〕

3 世界の気候と人々の暮らし

動画をみながら　　をうめよう!

世界の気候帯

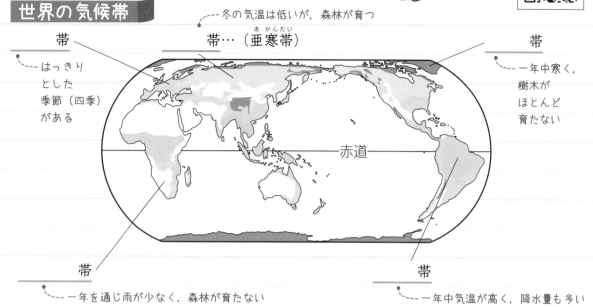

------- 冬の気温は低いが，森林が育つ

____帯…（亜寒帯）

____帯
-------- はっきり
とした
季節（四季）
がある

____帯
------- 一年中寒く，
樹木が
ほとんど
育たない

赤道

____帯
------ 一年を通じ雨が少なく，森林が育たない

____帯
------- 一年中気温が高く，降水量も多い

北半球と南半球では季節
が逆になるから，南半球
のクリスマスは夏だよ。

世界の宗教

● _____教…教典は聖書。カトリック，プロテスタント，正教会などに

分かれる。信者の数が最も多い。

● _____教…教典は_____。一日に5回，聖地_____に向かって

礼拝する。毎年1か月の間，断食が行われる。豚肉を食べることが

禁止されている。西アジアを中心に信者が多い。

● _____教…教典は経。東アジアや東南アジアでさかん。

------ 日本にも多くの寺がある

イスラム教の礼拝所
をモスクというよ。

● _____教…インドでさかん。カースト制度が根強く残る。

牛肉を食べることが禁止されている。

▼世界の宗教分布

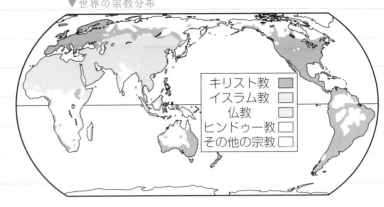

キリスト教
イスラム教
仏教
ヒンドゥー教
その他の宗教

memo
・キリスト教
・イスラム教
・仏教
は，世界の三大宗教
といわれる。

これも覚えよう

雨温図 … 月ごとの気温と降水量のグラフを合わせたもの。
　　　　気温は折れ線グラフ，降水量は棒グラフで表す。

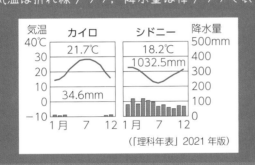

（「理科年表」2021年版）

南半球の雨温図
は，気温の折れ線
グラフがVのよう
な形になることが
多いよ。

確認問題

(1) 日本が属している，はっきりとした季節（四季）がある気候帯を何といいますか。

〔　　　　　　　　　〕

(2) 一年を通じて気温が高く，降水量も多い気候帯を何といいますか。

〔　　　　　　　　　〕

(3) ヨーロッパ・南北アメリカ・オセアニアでさかんな宗教は何ですか。

〔　　　　　　　　　〕

(4) 北アフリカ・西アジア・中央アジア・東南アジアでさかんな宗教は何ですか。

〔　　　　　　　　　〕

(5) 東アジア・東南アジアでさかんな宗教は何ですか。

〔　　　　　　　　　〕

1 アジア州①

動画 をみながら____をうめよう！

アジア州の地形

●アジア州…ユーラシア大陸・太平洋・インド洋に約_____の国がある。

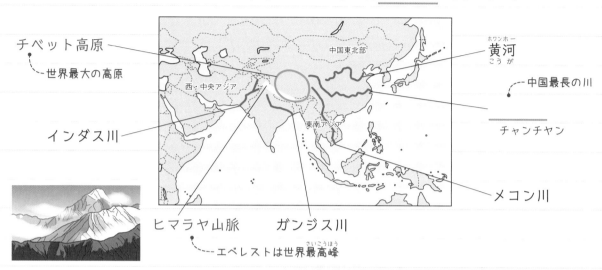

チベット高原
└─ 世界最大の高原

中国東北部

黄河
こうが
ホワンホー
└─ 中国最長の川

_____
チャンチヤン

西・中央アジア

インダス川

東南アジア

メコン川

ヒマラヤ山脈
└─ エベレストは世界最高峰
さいこうほう

ガンジス川

●中央部…_____山脈，_____高原など。

標高が高い中央部から大きな川がいくつも流れ出ている。

★黄河，長江➡東へ　　★_____川➡西へ　　★_____川➡南へ
ちょうこう

アジア州の気候

└─ 季節によって決まった方角に吹く風
ふ

_____（モンスーン）の影響を強く受ける。
えいきょう

●夏の季節風

…海から大陸に暖かく_____風が吹く。
ふ

➡南アジア・東南アジアは_____となる。

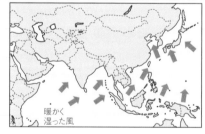
▼夏の季節風

暖かく湿った風

●冬の季節風

…大陸から海に冷たく_____風が吹く。

➡南アジア・東南アジアは_____となる。

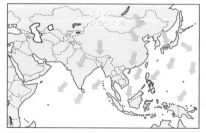
▼冬の季節風

冷たく乾燥した風

★中央アジアは海からの湿った風が届かない。
しめ

➡一年を通して_____した気候となる。

アジア州の農業

●西アジア・中央アジア   ┈内陸

　…降水量が少ない，＿＿＿＿＿帯
　　　　　　　　　　　　　　　　　┈移動しながら育てる
　　小麦などの畑作，羊やヤギなどの＿＿＿＿＿を行う。

●中国東北部・インド西部

　…降水量はやや少ない。
　　大豆・小麦・とうもろこしなどの＿＿＿作を行う。

●東アジア・東南アジア　　　　　　一年に2回同じ作物を栽培┈

　…季節風の影響で降水量が＿＿＿＿＿。タイなどでは米の＿＿＿＿＿を行う。

　　植民地時代に開かれた大農園（プランテーション）で輸出用作物の栽培。
　　　　　　　　　　　　　　　　　　　　　　　　　　　　　　　　さいばい

memo
農地に水をひく
仕組みを
かんがいという。

これも覚えよう
　　　　ニーズ　　　　しんこうこうぎょうけいざいちいき
アジア NIES … 新興工業経済地域
アセアン　　　　　　とうなんあじあしょこくれんごう
ASEAN … 東南アジア諸国連合
オペック
OPEC … 石油輸出国機構

確認問題

(1) 中国内陸部に広がる世界最大の高原を何といいますか。

　　　　　　　　　　　　　　　〔　　　　　　　　　〕

(2) アジア中央部にそびえる世界最高峰の山脈を何といいますか。

　　　　　　　　　　　　　　　〔　　　　　　　　　〕

(3) アジア東部に流れる，中国で一番長い河川を何といいますか。
　　　　　　　　　　　　か せん
　　　　　　　　　　　　　　　〔　　　　　　　　　〕

(4) 夏と冬で，吹く方向が反対になる風を何といいますか。

　　　　　　　　　　　　　　　〔　　　　　　　　　〕

(5) 草や水を求めて，移動しながら家畜を育てる農業を何といいますか。

　　　　　　　　　　　　　　　〔　　　　　　　　　〕

2 アジア州②

アジアの工業

インド…近年，情報通信技術
（ICT）産業が発達し，
経済発展が著（いちじる）しい。

中国…＿＿＿＿＿で外国企業を誘致（きぎょうゆうち）。
都市部で先端技術（せんたん）（ハイテク）産業。
農村から仕事を求め，都市部へ
人口が流出。

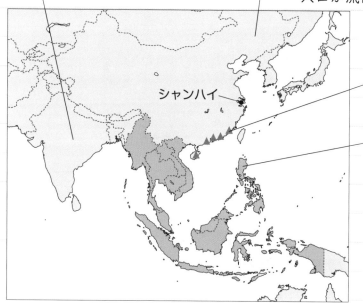

シャンハイ

▲経済特区

---- 経済などの分野で協力

■ 東南アジア諸国連合

（　　　　　　　　）

工業化の進む都市と農村で
経済格差が広がっているんだよ。

中国の工業

● 外国の企業に対し，土地の価格（かかく）を安くしたり税を減（へ）らしたりする
＿＿＿＿＿特区を設け，誘致を進めてきた。

● シャンハイなどの沿岸部の都市では先端技術（ハイテク）
産業などが発展し，内陸部の農村との＿＿＿＿＿＿が
広がっている。

汚い川は
いやだな…

● 経済発展により，さまざまな環境問題が起こっている。
➡ 自動車などの排気（はいき）ガスによる＿＿＿＿＿汚染（おせん）や，
工場排水による水質汚濁（おだく）など。

インドの工業

● コンピューター技術などの＿＿＿＿＿＿＿＿＿＿（ICT）産業が発達し，
世界で活躍する人も多い。

東南アジアの工業

● 1967年に＿＿＿＿＿＿＿＿＿＿＿＿（ASEAN）が結成された。

現加盟国はタイ，インドネシア，フィリピン，マレーシア，シンガポールなど。
東南アジアの10か国が加盟。

● シンガポール，マレーシア，タイでは，電気機械工業や自動車工業を中心に，
工業が発展している。

これも覚えよう

アジアNIES … 1970年代以降に急速に工業化が進んだ韓国・
台湾・シンガポール・香港は，アジアNIES
（新興工業経済地域）とよばれる。

確認問題

(1) 中国で外国企業を誘致するために設けられた地域を何といいますか。

〔　　　　　　　　〕

(2) 東南アジアの10か国が加盟する，経済などの分野で協力することを目的とした
地域統合組織を何といいますか。　　〔　　　　　　　　〕

(3) コンピューターなどの電子機器や工作機械などを生産する，高度な知識と技術
にもとづく産業を何といいますか。　　〔　　　　　　　　〕

(4) コンピューターなどの電子機器やソフトウエア，通信サービスなどにかかわる
産業を何といいますか。　　　　〔　　　　　　　　〕

(5) (4)の産業が近年さかんになり，経済発展が著しい南アジアの国はどこですか。

〔　　　　　　　　〕

3 ヨーロッパ州①

動画をみながら＿＿をうめよう！

ヨーロッパ州の自然と産業

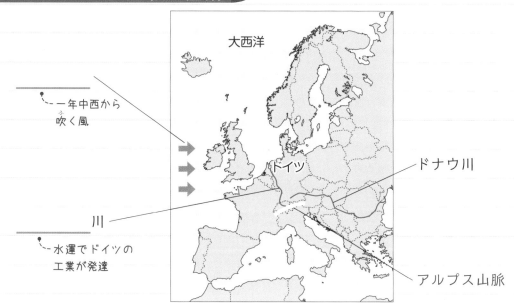

大西洋

＿＿＿＿
一年中西から吹く風

ドイツ

ドナウ川

＿＿＿川
水運でドイツの工業が発達

アルプス山脈

●ヨーロッパ州の大西洋側は，偏西風と暖流の＿＿＿＿＿＿海流の影響で，高緯度のわりに温暖な気候。

●地中海の沿岸は，夏は晴れが続いて，高温で乾燥している。

●北ヨーロッパやロシアは，寒さが厳しい＿＿帯（亜寒帯）の気候。

●ライン川は，複数の国を流れ，外国の船でも自由に行き来できるよう条約が結ばれた＿＿＿＿＿。流れがゆるやかで水運に適している。

●ドイツは，ヨーロッパ最大の工業国。ライン川の水運などを利用して重工業を発達させてきた。

これも覚えよう

フィヨルド … 氷河の侵食によってできた奥行きのある湾。北部の沿岸部に見られる。

ヨーロッパ州の農業

◀ ヨーロッパ周辺の農業地域

凡例：
- 混合農業
- 酪農・放牧
- 地中海式農業

イギリス　ドイツ　フランス　大西洋　アルプス山脈　イタリア　地中海

北海沿岸は冷涼<ruby>れいりょう</ruby>でやせた土地が多いよ。

フランスは小麦の栽培も輸出もさかんだよ。

● 酪農<ruby>らくのう</ruby>…北海沿岸の地域でさかん。乳牛を飼育し，＿＿＿＿＿＿＿を出荷<ruby>しゅっか</ruby>する。

--- チーズやバターなど

● ＿＿＿＿＿農業…アルプス山脈より北の地域でさかん。

小麦やじゃがいも，家畜<ruby>かちく</ruby>のえさとなる作物の栽培<ruby>さいばい</ruby>と，

豚<ruby>ぶた</ruby>や牛などの家畜の飼育を組みあわせた農業。

● ＿＿＿＿＿農業…地中海沿岸でさかん。

乾燥する夏にオリーブやオレンジ，雨の多い冬に小麦を栽培。

--- 乾燥に強い作物

確認問題

(1) ドイツとフランスの国境を流れる国際河川<ruby>かせん</ruby>を何といいますか。

〔　　　　　　　　　〕

(2) (1)の河川によって工業が発達し，ヨーロッパ最大の工業国となった国はどこですか。

〔　　　　　　　　　〕

(3) 乳牛を飼育し，チーズやバターなどの乳製品を出荷する農業を何といいますか。

〔　　　　　　　　　〕

(4) 家畜の飼育と，小麦などの畑作を組みあわせた農業を何といいますか。

〔　　　　　　　　　〕

(5) 乾燥する夏にオリーブやオレンジ，雨の降る冬に小麦を栽培する農業を何といいますか。

〔　　　　　　　　　〕

4 ヨーロッパ州②

動画 をみながら＿＿＿をうめよう!

EU（ヨーロッパ連合）の成立と発展

● EU（＿＿＿＿＿＿＿＿＿＿）は 1993 年に発足した地域統合組織で，

　アメリカ合衆国などの大国と肩を並べるため，

　政治や経済などで共通の政策を実施している。

● 加盟国間では人やモノの移動が自由で，貿易品には＿＿＿＿＿がかからない。

　　　　　　　　　　　　　　　　　　　　　　── 輸入品にかかる税

● 多くの国で共通通貨の＿＿＿＿＿＿が使用されている。

　➡ 国境を越えた買い物・旅行が活発化。

● 2020 年には＿＿＿＿＿＿＿＿が EU から離脱。

▼ EU 加盟国の推移

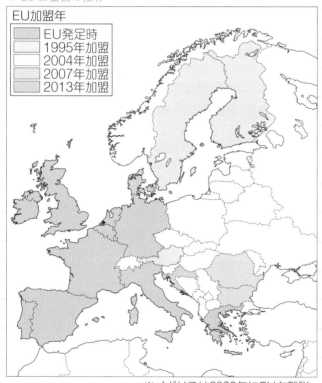

EU加盟年
- EU発足時
- 1995年加盟
- 2004年加盟
- 2007年加盟
- 2013年加盟

※イギリスは2020年にEUを離脱。

▲ユーロの硬貨

デンマークなどは
ユーロを導入して
いないんだよ。

EUの取り組み

●航空機産業…フランスと　　　　　　の航空機メーカーが

共同出資する企業を設立。

他のEU諸国の企業も参加し，

各国の専門技術を活かして，

国際的に分業。

今では，世界の航空機市場で，アメリカ合衆国に並ぶほどに成長しているよ。

EUの課題

● EUへの加盟が遅かった東ヨーロッパ諸国は工業化が遅れ，比較的所得が低い。

➡ EU内でより多くの収入を求め，東ヨーロッパ諸国から西ヨーロッパ諸国へ

労働者が移動。

➡ 西ヨーロッパと東ヨーロッパでの　　　　　　　　が課題。

これも覚えよう

酸性雨 … 工場や自動車から排出される物質が原因となって降る，
酸性の雨。ヨーロッパでは国境を越えた広い範囲で，
森林が枯れるなどの被害。

確認問題

(1) 2022年時点でヨーロッパ州の27か国が加盟している地域統合組織を何といいますか。　〔　　　　　〕

(2) (1)の多くの国で使用されている共通通貨を何といいますか。
〔　　　　　〕

(3) (1)の加盟国間では，貿易品に〔　　　〕がかかりません。
〔　　　〕にあてはまる語句は何ですか。　〔　　　　　〕

(4) 2020年に(1)から離脱した国はどこですか。
〔　　　　　〕

第2章　世界の諸地域

5 アフリカ州①

動画をみながら＿＿をうめよう！

アフリカ州の自然

赤道付近から南北それぞれに熱帯➡＿＿＿＿➡温帯と分布。

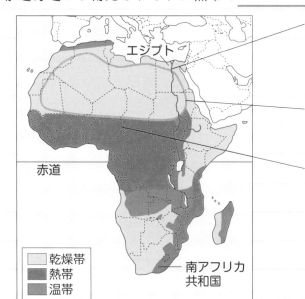

エジプト

赤道

南アフリカ
共和国

凡例
□ 乾燥帯
■ 熱帯
■ 温帯

＿＿＿＿…世界最長の川。
－－－ かつてエジプト文明がさかえた

＿＿＿＿…世界最大の砂漠。

＿＿＿＿…サハラ砂漠の南側。
砂漠化が進む地域。

memo

サヘルの砂漠化は，
人口増加による伐採
や過放牧が原因。

● 赤道付近は＿＿＿＿で，一年中雨が多く，＿＿＿＿が広がる。

　➡熱帯雨林の北側と南側には，＿＿＿＿とよばれる草原が広がる。

　　　－－－ 木がまばらに生えた草原

▲熱帯雨林の様子

▲サバナの様子

● 赤道からやや離れた，熱帯の北側や南側の付近は
乾燥帯となっている。

　➡一年中雨が少ない。乾燥の著しい地域は植物が育たず，

　　＿＿＿＿が広がる。草原になるところもある。

● 大陸の北端や南端は＿＿＿＿で，小麦やぶどうが栽培される地域もある。

アフリカ州の人々

● 多くの黒人が ＿＿＿＿＿ として南北アメリカに連行された。

● 経線や緯線を利用した国境線…直線のところが多い。

←植民地時代の支配国が，民族や宗教の分布を無視して国境線を引いたため，

独立後も紛争の原因となっている。

これも覚えよう

公用語 … 国が公的に使用を認めている言語。
植民地支配を受けていたアフリカ州の国々の中には，
民族独自の言語だけでなく，英語やフランス語などが
公用語になっている国も多い。

● ＿＿＿＿＿＿＿＿＿＿（人種隔離政策）

…南アフリカ共和国で行われていた，白人が有色人種を支配し差別する政策。

➡ 1990年代に廃止されたが，現在も白人と黒人の経済格差が残っている。

確認問題

(1) アフリカ州の北部に広がる，世界最大の砂漠を何といいますか。

〔　　　　　　　　　　　〕

(2) エジプトから地中海へ注ぐ，世界最長の河川を何といいますか。

〔　　　　　　　　　　　〕

(3) かつて奴隷として南北アメリカに連行されたのはどのような人々ですか。

〔　　　　　　　　　　　〕

(4) アフリカ州の国々の国境線に直線が多いのは，何を利用して引かれたためですか。

〔　　　　　　　　　　　〕

(5) かつて南アフリカ共和国で行われていた，白人以外を差別する政策を何といいますか。

〔　　　　　　　　　　　〕

6 アフリカ州②

アフリカ州の農業

●伝統的な＿＿＿＿＿農業…草原を焼いて畑にし，灰を肥料として農作物を栽培する。

●＿＿＿＿＿…乾燥帯の地域では，草と水を求めて移動しながら，

ラクダや羊，ヤギなどを飼育している。

●＿＿＿＿＿＿＿＿…植民地時代に開かれた大農園。輸出向けの作物を栽培。

★ケニア周辺➡＿＿＿＿＿

★ギニア湾沿岸➡＿＿＿＿＿

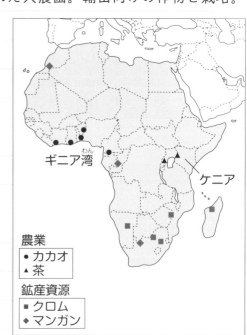

農業
● カカオ
▲ 茶

鉱産資源
■ クロム
◆ マンガン

カカオはチョコレート
の原料だよ。

アフリカ州の鉱業

●鉱産資源が豊富…ダイヤモンド（ボツワナやコンゴ民主共和国），

金（南アフリカ共和国），

銅（ザンビア）など。

レアメタルは，携帯電話
など色々な電子機器に
使われているよ。

●クロム，マンガンなどの＿＿＿＿＿＿＿＿＿を多く産出。

┄┄ 地球上にある量が少なかったり，
取り出しにくかったりする金属

アフリカ州の経済

● 南アフリカ共和国をのぞく多くの国が、輸出の多くを特定の農作物や鉱産資源に
たよる＿＿＿＿＿＿＿＿＿経済で、収入が不安定になりやすい。

▼コートジボワールの輸出額割合

カカオ 28.1%	8.5	8.5	8.1	7.1	その他 39.7

金(非貨幣用)ー
（ひかへい）
　　石油製品ー
　　　　　　ー野菜と果実
　　　　ー天然ゴム

▼タンザニアの輸出額割合

金(非貨幣用) 36.8%	13.0			その他 37.9

カシューナッツー
　　葉たばこ 4.7ー
　　　　　　ーコーヒー豆 3.0
　　　　ー魚介類 4.6

(2020年)(2022年版「データブック・オブ・ザ・ワールド」)

● アフリカ諸国の諸問題に共通で取り組むため、＿＿＿＿＿＿＿＿＿（AU）を
2002年に結成。発展に向けた努力をしている。

これも覚えよう

NGO（非政府組織）… 利益を目的にせず、世界各地で資金や技術の援助
（えんじょ）
などの活動に取り組んでいる政府以外の組織。
アフリカ諸国の課題解決にも取り組んでいる。

確認問題

(1) アフリカ州の国々が、諸問題に協力して取り組むために結成した地域統合組織
を何といいますか。　　　　　　　　　　　　〔　　　　　　　　　　〕

(2) 植民地時代に支配国の資本で開かれ、現地の人々が単一の農作物を大規模に栽
培している農園を何といいますか。　　　　　〔　　　　　　　　　　〕
（きぼ）

(3) 地球上に存在する量が極めて少なかったり、取り出すのが難しかったりする、
（きわ）
希少価値が高い金属を何といいますか。　　　〔　　　　　　　　　　〕

(4) 特定の農作物や鉱産資源の輸出にたよる経済を何といいますか。
　　　　　　　　　　　　　　　　　　　　　〔　　　　　　　　　　〕

(5) コートジボワールなど、ギニア湾沿岸で栽培がさかんな農作物は何ですか。
　　　　　　　　　　　　　　　　　　　　　〔　　　　　　　　　　〕

7 北アメリカ州①

北アメリカ州の自然

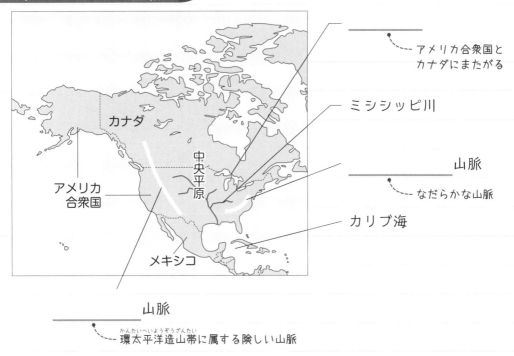

_____ ● アメリカ合衆国とカナダにまたがる

ミシシッピ川

_____ 山脈
● なだらかな山脈

カリブ海

カナダ

中央平原

アメリカ合衆国

メキシコ

_____ 山脈
● 環太平洋造山帯に属する険しい山脈

● 西部のロッキー山脈と東部のアパラチア山脈にはさまれた中央平原に，

_____ が流れている。
● 流域面積が世界第3位

● 中央部は温暖，北部は冷涼な気候。西部には乾燥帯も見られる。

● 南部は湿潤で，_____ で大きな被害を受けることもある。
● カリブ海で発生する熱帯低気圧

アメリカ合衆国の都市

● _____ … アメリカ合衆国の首都。

● _____ … 世界の金融の中心地。

人口が一番多いのはニューヨークだけど，首都はワシントンD.C.だよ。

北アメリカ州の人々

●ヨーロッパからの移民が多く、＿＿＿＿＿＿＿＿教を信仰する人が多い。

  ·----- 17世紀以降にやって来た

●カナダ北部の先住民族を＿＿＿＿＿＿＿という。

●アメリカ合衆国の南部ではかつて、綿花栽培のための奴隷として

  アフリカから多くの黒人が連行された。

●近年はメキシコや中央アメリカからアメリカ合衆国に

  移り住む＿＿＿＿＿＿＿＿＿が増加。

> ヒスパニックとは、
> 「スペイン語を話す人々」
> という意味だよ。

▼アメリカ合衆国の人種構成

白人 76.3%	黒人 13.4	その他 3.0

アジア系 6.0 ——└ 先住民 1.3

(2019年)（2021年版「データブック・オブ・ザ・ワールド」）

これも覚えよう

メキシコ湾 … アメリカ合衆国とメキシコに囲まれた湾。
カリブ海 … メキシコ湾の南側。
　　　　　　南アメリカ大陸との間にある海。

確認問題

(1) 北アメリカ州西部に連なり、環太平洋造山帯に含まれる山脈を何といいますか。

〔　　　　　　　　　　　〕

(2) アメリカ合衆国東部に連なる、なだらかな山脈を何といいますか。

〔　　　　　　　　　　　〕

(3) 北アメリカ州の多くの人々が信仰している宗教は何ですか。

〔　　　　　　　　　　　〕

(4) 近年アメリカ合衆国で増加している、スペイン語を母語とするメキシコや中央
アメリカからの移民を何といいますか。　　　　　〔　　　　　　　　　〕

(5) アメリカ合衆国の中央部を南に向かって流れる、流域面積が世界第3位の川を
何といいますか。　　　　　　　　　　　　　　　〔　　　　　　　　　〕

8 北アメリカ州②

動画 ▶ をみながら____をうめよう！

アメリカ合衆国の農業

広い土地を大型機械で耕作する企業的（きぎょう）な農業。

地域の気候や土壌（どじょう）にあわせた＿＿＿＿＿＿＿＿＿＿。

▼アメリカ合衆国とカナダの主な農業地域

小麦

放牧　とうもろこし　大豆

西経100°

綿花

● 西経100度を境に農業の特徴（とくちょう）が異なる。

➡ 東側は降水量が多い。

…小麦・大豆・とうもろこし・綿花。

➡ 西側は降水量が少ない。

…肉牛の＿＿＿＿＿。

● 世界有数の農産物の輸出国

…＿＿＿＿＿＿＿＿＿＿が国際市場で穀物（こくもつ）の売買を行う。

┈ 穀物の買い付けから運搬（うんぱん），販売（はんばい）までをおこなう巨大（きょだい）な企業

➡ バイオテクノロジーを利用した新品種開発も進んでいる。

> **これも覚えよう**
>
> 多くの農産物を世界中へ輸出することから，
> アメリカ合衆国は「世界の食料庫」と
> よばれている。

● 南部の綿花地帯

…19世紀には＿＿＿＿＿＿＿＿＿＿で黒人奴隷（どれい）を使って作業。

➡ 現在は機械を使用して作業。

アメリカ合衆国の工業

● 古くからの工業地域…＿＿＿＿＿周辺など。

➡ ピッツバーグで鉄鋼業が，デトロイトで自動車工業が発達。

➡ 近年は生産額が低下。

先端技術（ハイテク）産業の中に，
情報技術（IT）産業や
情報通信技術（ICT）産業が
含まれるよ。

五大湖周辺 --- 水運を利用して発展

… ＿＿＿＿＿＿ や自動車工業がさかん。

北緯37度以南に帯状に広がる温暖な地域

＿＿＿＿＿＿ …先端技術（ハイテク）産業がさかん。

北緯37°

… 情報通信技術（ICT）産業がさかん。

＿＿＿＿＿＿ --- サンフランシスコ近郊に広がる

● 1970 年代以降，工業の中心は五大湖周辺から ＿＿＿＿＿＿ へ。

　➡ シリコンバレー… ＿＿＿＿＿＿ （ICT）産業。

　　 ロサンゼルス…航空機産業。

● アメリカ合衆国には，外国にも工場や販売拠点がある

　＿＿＿＿＿＿ が多い。

これも覚えよう
メキシコ湾岸油田 … アメリカ合衆国南部の
　　　　　　　　　メキシコ湾周辺にある油田。

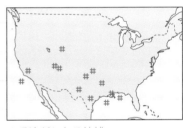

▲ 石油がとれる地域

確認問題

(1) アメリカ合衆国に多い，ほかの国にも工場や販売拠点を持っている企業を何といいますか。　〔　　　　　　　〕

(2) 北緯 37 度以南に広がる，1970 年代以降に工業がさかんとなっている地域を何といいますか。　〔　　　　　　　〕

(3) サンフランシスコ近郊に広がる，ハイテク産業の企業や研究施設が集中している地域を何といいますか。　〔　　　　　　　〕

(4) アメリカ合衆国で，地域の気候や土壌にあわせて行われる農業を何といいますか。　〔　　　　　　　〕

9 南アメリカ州①

動画 ▶ をみながら＿＿＿をうめよう！

南アメリカ州の自然

●アマゾン川の河口付近を赤道が通っている。

流域面積世界一
＿＿＿＿＿川
…流域に熱帯林が
広がる。

西部を南北に走る
＿＿＿＿＿山脈
…標高の高いところは
高山気候。

赤道

ペルー
ボリビア

…アマゾン川流域の
熱帯林。

…アルゼンチンの
中部に広がる平原。

●北部は熱帯で，南部に行くにつれて雨が少なくなり，
気温が下がる。

●熱帯地域でも，ボリビアやペルーなどの高地は，
同緯度(どういど)の他の地域よりも気温が低い。

ボリビアの
首都ラパスは，
標高3500m以上
の場所に
あるんだって。

南アメリカ州の人々

●ヨーロッパの植民地であった歴史から，
ブラジルでは＿＿＿＿＿＿＿語が，
その他の多くの国では＿＿＿＿＿語が
公用語になっている。

●キリスト教（カトリック）を信仰(しんこう)している人が
多い。

■スペイン語
■ポルトガル語
■オランダ語
■フランス語
□英語

▲南アメリカ州の主な公用語

● ブラジルには日本からの移民の子孫である＿＿＿＿＿＿が
約 200 万人住んでいる。

● かつて，インカ帝国を築いた先住民を＿＿＿＿＿＿
という。
　　　┈┈ アンデス山中に遺跡が残る

インカ帝国は高度な文明をもっていたけど，スペイン人にほろぼされたよ。

それでイインカ?!

▲マチュピチュ遺跡

　┈┈植民地時代に開かれた大農園
●
＿＿＿＿＿＿＿＿＿の労働力として連れてこられた黒人奴隷の子孫も多い。

● 現在は，先住民やヨーロッパ人，アフリカ人の間で混血が進んでいる。

これも覚えよう

メスチーソ … インディオと白人の混血。

確認問題

(1) 南アメリカ大陸の西部を南北に走る山脈を何といいますか。
〔　　　　　　　　〕

(2) 世界一の流域面積をもち，流域には熱帯林が広がる河川を何といいますか。
〔　　　　　　　　〕

(3) (2)の流域に広がる熱帯林を何といいますか。
〔　　　　　　　　〕

(4) アルゼンチンの中部に広がる草原を何といいますか。
〔　　　　　　　　〕

(5) ブラジルに多い，外国へ移り住んだ日本人とその子孫を何といいますか。
〔　　　　　　　　〕

10 南アメリカ州②

南アメリカ州の農業

●とうもろこしや，いもの栽培がさかん。

●北部の ＿＿＿＿＿＿＿ で伝統的な焼畑農業。

　➡近年は，牧場や畑を作るために，

　　熱帯林を伐採して大規模な開発が

　　行われている。

　　　★畑では，大豆やさとうきびの栽培が

　　　　行われている。

● ＿＿＿＿＿＿＿ では牛の牧畜がさかん。

　　╰──ラプラタ川の流域に広がっている草原

●ブラジル高原を中心に，プランテーションでコーヒーを

　栽培し，＿＿＿＿＿＿＿＿＿の生産が多い。

　　　　　　　　╰─── アルコール燃料(エタノール)やガス

●植物が原料である ＿＿＿＿＿＿＿＿＿＿＿ の生産のため，

　畑が拡大されている。

▲コーヒー豆と
コーヒーの木の実

　　　★さとうきびやとうもろこしなどの植物が原料とされている。

　➡燃やすと二酸化炭素が発生するが，原料の植物が生長するときに

　　二酸化炭素を吸収しているため，地球全体として二酸化炭素が増加

　　していないと考えられている。

バイオ燃料の使用で，
地球温暖化対策になると
考えられているよ。

だけど,さとうきびなどの
栽培のために,
森林が破壊されているのは
問題だよね。

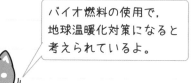

南アメリカ州の鉱工業

● ブラジル…世界有数の ＿＿＿＿＿＿＿ の産出国。

★日本の鉄鉱石の輸入先第2位（2020年）。

南アメリカ州では、レアメタルも産出されるんだ。

▼鉄鉱石の生産量における国別割合

| オーストラリア 36.5% | ブラジル 17.9 | 中国 14.9 | 8.3 | ロシア 4.1 インド | その他 18.3 |

(2017年) 　（「世界国勢図会」2020/21年版）

memo

日本の鉄鉱石の輸入先第1位はオーストラリア。

➡工業化が進み，自動車や航空機などを生産。

● ベネズエラ…石油の埋蔵量（まいぞうりょう）が多く，石油輸出国機構（＿＿＿＿＿＿＿）に加盟（かめい）。

● チリやペルー…銅を産出。

> ### これも覚えよう
> 再生可能エネルギー … 繰（く）り返（かえ）し使用できるエネルギー。
> 太陽・風力・水力・バイオマス
> などが注目されている。

確認問題

(1) 植民地時代に南アメリカ州でつくられ，カカオやコーヒーなどが栽培される大農園を何といいますか。〔　　　　　　　〕

(2) 植物を原料にしてつくられる，二酸化炭素の排出（はいしゅつ）量を抑（おさ）える燃料を何といいますか。〔　　　　　　　〕

(3) 森林を焼いて畑をつくり，灰を肥料にして耕作を行う農業を何といいますか。〔　　　　　　　〕

(4) ブラジルが，日本の国別輸入割合第2位（2020年）となっている鉱産資源は何ですか。〔　　　　　　　〕

11 オセアニア州

オセアニア州の自然

●オセアニア州は，＿＿＿＿＿＿＿＿＿＿大陸と太平洋に位置する島々からなる。

●オセアニア州の島々は，火山島とさんご礁の島が多い。

オーストラリアの自然と農業・畜産業

中央部…乾燥した気候で，非農業地帯。

大鑽井盆地…掘り抜き井戸で水を確保しての＿＿＿＿＿がさかん。

西部

…牧羊がさかん。

北東部

…比較的降水量が多い。

＿＿＿＿＿＿がさかん。

南東部

…比較的降水量が多い。

小麦の栽培，酪農，

牧羊がさかん。

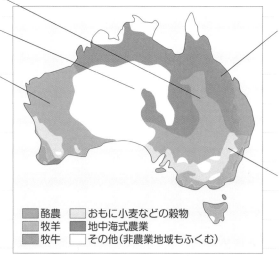

凡例：
酪農／おもに小麦などの穀物
牧羊／地中海式農業
牧牛／その他(非農業地域もふくむ)

memo
南東部や南西部の降水量が多い地域に，人口が集中している。

オーストラリアの鉱産資源

オーストラリアは，質のよい鉱産資源が豊富で，

日本をはじめ，世界各国に輸出している。

●＿＿＿＿＿…主に北西部で産出。

●＿＿＿＿＿…主に北東部・南東部で産出。

▼オーストラリアの鉱産資源

鉄鉱石　▲石炭

● ボーキサイト…主に北部・南西部で産出。
  ---- アルミニウムの原料

  ★原油，天然ガス，金なども豊富。

鉱産資源は，日本・中国・韓国などに輸出しているよ。

オーストラリアの移民の歴史と多文化社会

● _____ …オーストラリアの先住民族。

  ➡欧米諸国の移民による迫害を受け，人口が激減した。

● かつては，白人以外の移民を制限していた（_____）。

  ➡イギリスを中心としてヨーロッパとの結びつきが強かった。
  ➡白豪主義は1970年代に撤廃され，近年はアジアとの結びつきが強まっている。

● さまざまな人々が共存し，それぞれの文化を尊重しあう_____を
めざしている。

▲マオリ

┌─────────────────────────┐
│   これも覚えよう   │
│   │
│ マオリ … ニュージーランドの先住民。 │
└─────────────────────────┘

確認問題

(1) オセアニア州の島々は，火山島以外に，何でできた島が多く見られますか。

〔　　　　　　　　　　〕

(2) オーストラリアの北西部で多く産出される鉱産資源は何ですか。

〔　　　　　　　　　　〕

(3) オーストラリアの東部で多く産出される鉱産資源は何ですか。

〔　　　　　　　　　　〕

(4) オーストラリアの中部にある，掘り抜き井戸の見られる盆地を何といいますか。

〔　　　　　　　　　　〕

(5) オーストラリアの先住民族を何といいますか。

〔　　　　　　　　　　〕

第3章　日本の姿

1 世界と日本の地形

動画 ▶ をみながら___をうめよう！

世界の地形

●火山活動が活発な地域を造山帯（変動帯）という。

・アルプス・ヒマラヤ造山帯…アルプス山脈からヒマラヤ山脈を通り，

インドネシアにいたる。

・環太平洋造山帯…日本列島，アンデス山脈，ロッキー山脈など，太平洋をとりまく。

　　　　　　　造山帯　　　　　　　　　　　　　　　　　　造山帯

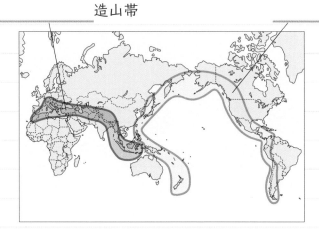

●火山活動が少ない地域では，大河や氷河，風によって，広大な平野がつくられる。

➡ユーラシア大陸の多くの地域，オーストラリア大陸など。

日本の周辺の海流

●太平洋側では，

北から寒流の＿＿＿＿＿（千島海流）が，

南から暖流の＿＿＿＿＿（日本海流）が流れている。

●日本海側では，

北から寒流の＿＿＿＿＿海流が，

南から暖流の＿＿＿＿＿海流が流れている。

●海流がぶつかる＿＿＿＿＿（潮目）は

プランクトンが多く，好漁場になっている。

高知県で
有名なカツオは
黒潮にのって
やってくるよ！

日本の地形

●国土が細長く，約＿＿＿＿分の＿＿＿＿が

山地のため，日本の川は世界の多くの川に比べて

短く，流れが急。

●川が山から平地に流れ出たところに扇状地，

河口付近に三角州が形成される。

●環太平洋造山帯に属しており，世界的にみても火山が多く，

噴火や地震などの自然災害が多い。

　　★一方，火山は，日本の美しい景観を生み出している。

これも覚えよう
日本列島の周囲や東シナ海には，大陸棚とよばれる深さ
約200mまでの浅くて平らな海底が広がる。

確認問題

(1)　世界の主な造山帯のうち，太平洋を囲むように連なる造山帯を何といいますか。

〔　　　　　　　　　　　〕

(2)　世界の主な造山帯のうち，ユーラシア大陸南部を東西に連なる造山帯を何といいますか。

〔　　　　　　　　　　　〕

(3)　日本の太平洋側を南下してくる海流を何といいますか。

〔　　　　　　　　　　　〕

(4)　日本の太平洋側を北上してくる海流を何といいますか。

〔　　　　　　　　　　　〕

(5)　川が山地から平地に流れ出るところに，石や土砂が積もってできた扇状の地形を何といいますか。

〔　　　　　　　　　　　〕

(6)　川が海へ流れ出るところに，石や土砂が積もってできた地形を何といいますか。

〔　　　　　　　　　　　〕

2 日本の気候と災害

動画をみながら＿＿をうめよう！

日本の気候区分

●季節風（　　　　　　　　　　）の影響で，気候区分ごとに異なる特徴をもつ。

北海道

…夏は涼しく，

　冬の寒さが厳しい

日本海側

…＿＿＿＿の降水量

　が多い

雪が積もる
地域もある

冬の季節風
（モンスーン）

夏の季節風
（モンスーン）

＿＿＿＿＿＿＿（内陸）

…夏と冬，昼と夜の

　気温差が大きい

瀬戸内

…年降水量が

＿＿＿＿＿

太平洋側

…＿＿＿＿の降水量が多い

＿＿＿＿＿＿

…年降水量が多く，冬も温暖

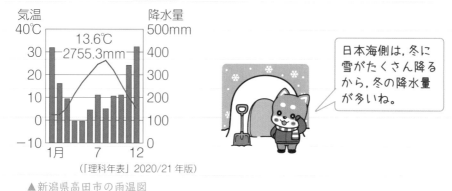

気温
40℃

13.6℃
2755.3mm

降水量
500mm

（「理科年表」2020/21年版）

▲新潟県高田市の雨温図

日本海側は，冬に
雪がたくさん降る
から，冬の降水量
が多いね。

日本の自然災害

●地震

日本は環太平洋造山帯に属しているため，地震が多い。

➡ゆれによる建物の崩壊，山崩れや＿＿＿＿＿＿。

‥‥‥地震の際に地盤が液体状になる現象

➡震源が海底の場合，＿＿＿＿＿が発生する場合もある。

★ 2011年の東北地方太平洋沖地震（＿＿＿＿＿＿＿＿＿）では，
沿岸部の津波など広範囲にさまざまな被害が出た。

●火山の噴火…日本には活動の活発な火山が多い。

➡噴火によって火山灰や溶岩が噴出される。

➡噴出した火山灰などと高温ガスが混じって流れる

＿＿＿＿＿＿が発生することもある。

●気象災害

➡毎年＿＿＿＿＿＿や台風による大雨に伴う

洪水や土砂崩れの発生。

➡長雨などによって，石や土砂が水と混じって流れる

土石流が発生することもある。

➡水不足による干ばつや，夏の低温で農作物の生育が悪くなる＿＿＿＿＿＿も発生。

これも覚えよう

やませ … 東北地方の太平洋側で，夏に吹く冷たい北東風。
寒流の上を吹く風が冷やされて発生し，農作物
が育ちにくくなる冷害をもたらす。

確認問題

(1) 本州と四国にはさまれた海の沿岸部に広がっている，一年を通して降水量が少ない日本の気候区分を何といいますか。　　　　〔　　　　　　　　　〕

(2) 本州の日本海側を中心に広がっている，冬の降雪量が多い日本の気候区分を何といいますか。　　　　〔　　　　　　　　　〕

(3) 夏から秋にかけて発生して日本列島に接近する，発達した熱帯低気圧を何といいますか。　　　　〔　　　　　　　　　〕

(4) 北海道以外の日本各地でおこる，6～7月ごろに雨が降り続く時期を何といいますか。　　　　〔　　　　　　　　　〕

3 世界と日本の人口

動画 ▶
をみながら
＿＿をうめよう!

世界の人口

● 世界の人口は約 80 億人（2021 年）。

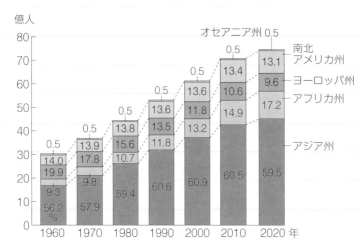

▲ 世界人口の推移

（「世界国勢図会」2020/21 年版）

世界の人口の6割がアジア州に集中しているよ。

● アジアやアフリカの発展途上国では，人口が

急増する ＿＿＿＿＿ で生活環境が悪化して

いる地域がある。

memo

人口爆発の原因
①農業や鉱工業などで労働力を
　必要とするため，出生率が高い。
②先進国や NGO の支援によって
　医療が発達し，死亡率が低下。

● ヨーロッパや日本などの先進国では ＿＿＿＿＿ が進む。

└── 子どもの数が減り，高齢者が増えた

日本の人口

● 日本の人口は約 1 億 2550 万人（2021 年時点）。

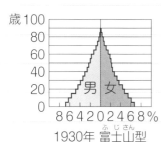

1930年 富士山型　　　1970年 つりがね型　　　2020年 つぼ型

▲ 日本の人口ピラミッドの移り変わり

（「日本国勢図会」2022/23 年版ほか）

人口ピラミッドは，縦軸に年齢，横軸に各年齢層の男女の割合をとっているよ。

●少子高齢化が著しく，明治時代以降，人口が増え続けていたが，

2010年ころから人口が減少している。

●＿＿＿＿…農村や山間部，離島から都市部に人口が流出し，人口が著しく減少。

➡人手不足により，地域生活が成り立たなくなっている。

★都市部からの移住を希望している人への支援など，

地域を活性化させようとする取り組みが進められている。

●＿＿＿＿…東京・大阪・名古屋を中心とする三大都市圏に

人口が集中している。

➡交通渋滞，住宅不足，大気汚染，ごみ処理問題などが発生。

これも覚えよう

ドーナツ化現象 … 地価の上昇などによって，都心部の人口が
減り，郊外の人口が増える現象。

都心回帰 … 都心の再開発，地価の下落などにより，都心周辺
で人口が増加する現象。

確認問題

(1) 世界の6つの州のうち，最も人口が多いのは何州ですか。

〔　　　　　　　　　　　〕

(2) 人口が急激に増える現象を何といいますか。

〔　　　　　　　　　　　〕

(3) 子どもの割合が減り，65歳以上の高齢者の割合が増えることを何といいますか。

〔　　　　　　　　　　　〕

(4) 富士山型やつぼ型など，男女別に年齢ごとの人口をグラフに表したものを何といいますか。

〔　　　　　　　　　　　〕

(5) 東京・大阪・名古屋を中心とする都市圏をまとめて何といいますか。

〔　　　　　　　　　　　〕

4 世界の資源と産業

動画をみながら____をうめよう！

世界の鉱産資源の分布

工業の原料やエネルギー資源として利用される鉱物を鉱産資源という。

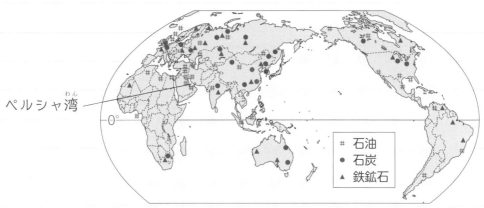

ペルシャ湾

石油
● 石炭
▲ 鉄鉱石

▲世界の鉱産資源の分布

● 石油…西アジアの _____ 沿岸などでの産出が多い。

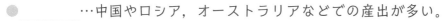

└─ 周辺に，サウジアラビア・イラクなどの産油国

● _____…中国やロシア，オーストラリアなどでの産出が多い。

● _____…中国やオーストラリア，ブラジルなどでの産出が多い。

★日本は資源のほとんどを輸入に頼っている。

ペルシャ湾の位置を確認しておこう。

日本のエネルギー・電力

● _____発電…山地に建設されたダムの水を使用して発電。

ダム
貯水池
発電機

● _____発電…石油や石炭，天然ガスを燃料にして発電。

★_____である二酸化炭素の排出が問題になっている。

● _____発電…ウランを燃料にして発電。

★放射性廃棄物が問題になっている。

● 新しいエネルギーの利用の拡大が期待される。

⇒風力や太陽光，地熱などの

＿＿＿＿＿＿＿エネルギー。

産業分類

● ＿＿＿＿＿産業…農林水産業など。

● ＿＿＿＿＿産業…鉱工業，製造業，建設業など。

memo

先進国は第三次産業の割合が高い。

● 第三次産業…商業，サービス業，医療・福祉など。

★日本は，＿＿＿＿＿産業の割合が高い。

これも覚えよう

ＳＤＧｓ … 持続可能な開発目標。
2015年の国連サミットで採択された。
貧困をなくすこと，地球の天然資源と気候を守ることなど
さまざまな目標が挙げられている。

確認問題

(1) 油田が多く見られる，西アジアにある湾を何といいますか。

〔　　　　　　　　〕

(2) 火力発電に使われるエネルギー資源で，中国やインド，オーストラリア東部で産出が多い鉱産資源は何ですか。　〔　　　　　　　　〕

(3) ウランなどを燃料にした発電を何といいますか。

〔　　　　　　　　〕

(4) 風力や太陽光，水力などのように，繰り返して使うことができ，資源としてなくならないエネルギーを何といいますか。　〔　　　　　　　　〕

(5) 産業を３つに分類したとき，自動車工業や製鉄業は第何次産業に含まれますか。

〔　　　　　　　　〕

5 日本の農林水産業

動画 ▶ をみながら ＿＿をうめよう！

日本の農業

● 米…新潟県, ＿＿＿＿＿＿＿, 東北地方の生産量が多い。

▼都道府県別の米生産量割合

＿＿＿＿県	秋田県6.8
8.3% 北海道7.6	その他 67.2

山形県5.2　宮城県4.9
(2019年)　（「日本国勢図会」2020/21年版）

果樹栽培　酪農
抑制栽培　稲作
果樹栽培　近郊農業
促成栽培
畜産

▲米・野菜・果物・畜産の
さかんな地域の分布

● 野菜

➡ 千葉県や茨城県など大都市周辺

　…新鮮なまま収穫・出荷ができる

　　　　＿＿＿＿＿＿が行われている。

➡ 宮崎平野や高知平野

　…温暖な気候を生かして, ビニールハウス

　　などを使い, 他の産地よりも早く栽培・出荷

　　を行う＿＿＿＿＿＿がさかん。

memo

宮崎平野や高知平野では,
ピーマン・
きゅうり・なすなど
の栽培がさかん。

➡ 長野県や群馬県などの高地

　…高原の涼しい気候を利用して, 他の地域よりも農作物

　　の出荷時期を遅らせる＿＿＿＿＿＿を行っている。

高原野菜として,
レタスやキャベツ
が有名だね。

これも覚えよう

施設園芸農業 … 温室やビニールハウスなどの施設を
使って農作物を栽培する農業。

● 果物

➡ りんごは東日本, みかんは西日本中心に栽培がさかん。

➡ 長野県や山梨県の扇状地…＿＿＿＿＿＿やももの
　果樹栽培がさかん。

● 畜産

➡ 北海道…＿＿＿＿＿や肉牛の飼育がさかん。

➡ 鹿児島県や宮崎県…肉牛や豚の飼育がさかん。

日本の林業・漁業

すぎ　ひのき

● 林業…日本の森林の約４割は人工林。

　　★利用価値の高い，すぎやひのきが植林されている。

● 漁業…＿＿＿＿＿＿＿＿＿＿＿＿の設定や水産資源の減少により，

　　「とる漁業」である遠洋漁業・沖合漁業が衰退（すいたい），

　　沿岸漁業も漁獲量（ぎょかくりょう）がのびていない。

　➡ 近年は「＿＿＿＿＿＿＿＿＿」が注目されている。

　　…いけすなどで大きくなるまで育てる養殖業（ようしょく）や，

　　稚魚（ちぎょ）などを放流して大きくなったところをとる

　　＿＿＿＿＿＿＿＿＿。

食料生産をめぐる問題

● 人手不足…高齢化（こうれいか）と後継者（こうけいしゃ）不足。

　　　　　┄┄┄ 国内で消費する食料のうち，国内産が占（し）める割合

● ＿＿＿＿＿＿＿＿＿が低い。魚介類（ぎょかいるい）や木材も輸入が増加した。

　➡ 畜産でも飼料の多くを輸入に頼（たよ）っている。

　➡ 海外からの安い農畜産物の輸入が増えたことによる経営難。

確認問題

(1) 大都市近郊（きんこう）で，都市向けに野菜などを出荷する農業を何といいますか。

〔　　　　　　　　　　〕

(2) 温暖な気候を利用し，ビニールハウスなどの施設を使って野菜の早づくりをする農業を何といいますか。

〔　　　　　　　　　　〕

(3) 魚や貝を大きくなるまで育てて，出荷する漁業を何といいますか。

〔　　　　　　　　　　〕

(4) 卵をふ化させ，稚魚などを海や川に放流して大きくなってからとる漁業を何といいますか。

〔　　　　　　　　　　〕

6 日本の工業

工業地帯と工業地域

● ＿＿＿＿＿…中京工業地帯・阪神工業地帯・京浜工業地帯

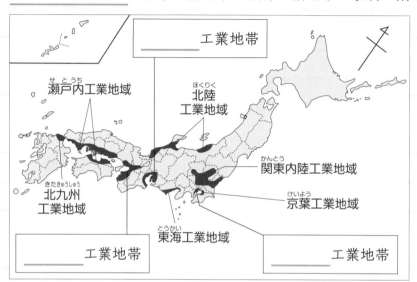

▼おもな工業地帯・地域の製造品出荷額等割合

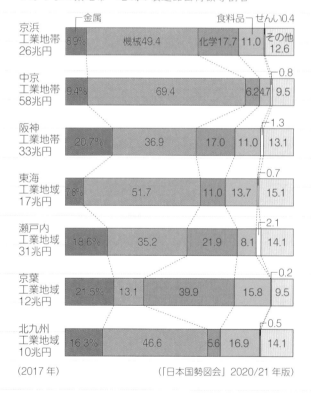

	金属	機械	化学	食料品	せんい	その他
京浜工業地帯 26兆円	8.9%	機械49.4	化学17.7	11.0	0.4	その他12.6
中京工業地帯 58兆円	9.4%	69.4	6.2	4.7	0.8	9.5
阪神工業地帯 33兆円	20.7%	36.9	17.0	11.0	1.3	13.1
東海工業地域 17兆円	7.8%	51.7	11.0	13.7	0.7	15.1
瀬戸内工業地域 31兆円	18.6%	35.2	21.9	8.1	2.1	14.1
京葉工業地域 12兆円	21.5%	13.1	39.9	15.8	0.2	9.5
北九州工業地域 10兆円	16.3%	46.6	5.6	16.9	0.5	14.1

（2017年）　　　（「日本国勢図会」2020/21年版）

● 京浜工業地帯

　…情報の中心地で，

　　　　　＿＿＿＿業がさかん。

● 中京工業地帯

　…豊田市を中心に

　　　　　＿＿＿＿の関連工場が多い。

　日本最大の工業地帯。

● 阪神工業地帯

　…金属工業や化学工業がさかん。

太平洋ベルト

これも覚えよう

太平洋ベルト … 工業がさかんで，人口が集中している太平洋側の帯状の地域。

工業が発達している地域の特徴

● 臨海部…原料や燃料の輸入，製品の輸出に便利。

➡ 石油化学工業，鉄鋼業などが発達。

● 内陸部… ＿＿＿＿＿＿＿＿ などが整備されて，製品の輸送に便利。

➡ 自動車，電気機器などの組み立て工業が発達。

工業と貿易

● かつては原料を輸入し製品を輸出する ＿＿＿＿＿＿＿＿ で栄えた。

➡ 現在は海外に工場を移転して ＿＿＿＿＿＿＿ がさかんになり，

＿＿＿＿＿＿＿＿ が問題になっている。

┄┄ 日本企業が海外での生産を増やすことで，日本国内の産業が衰える現象

確認問題

(1) 関東から九州北部の沿岸部に帯状に広がる工業がさかんな地域をまとめて何といいますか。　〔　　　　　　　〕

(2) 日本で最も製造品出荷額の多い工業地帯を何といいますか。
　〔　　　　　　　〕

(3) 東京都から神奈川県の沿岸部に広がる工業地帯を何といいますか。
　〔　　　　　　　〕

(4) 瀬戸内海沿岸に広がる，化学工業のさかんな工業地域を何といいますか。
　〔　　　　　　　〕

(5) 日本企業が海外に工場を移転し，現地の労働力を使って製品を生産することを何といいますか。　〔　　　　　　　〕

7 発展するさまざまな産業

動画をみながら＿＿をうめよう！

日本の第三次産業の変化

●第三次産業…小売業・卸売業などの＿＿＿＿＿＿や，

宿泊・飲食業，金融・保険業などの＿＿＿＿＿＿＿＿。

➡人口が多く経済活動が活発な都市や，観光客が多い都道府県は，

第三次産業の就業者の割合が高い。

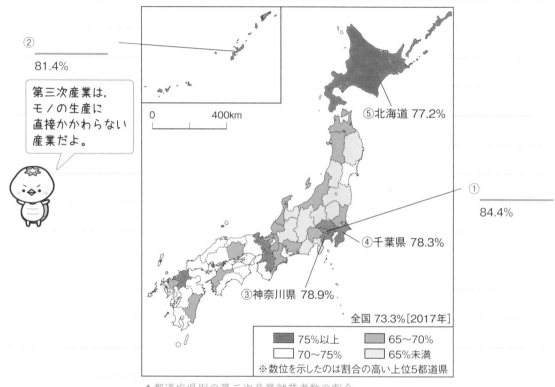

② ＿＿＿＿＿＿＿
81.4%

第三次産業は，
モノの生産に
直接かかわらない
産業だよ。

⑤北海道 77.2%

① ＿＿＿＿＿＿＿
84.4%

④千葉県 78.3%

③神奈川県 78.9%

全国 73.3%[2017年]

75%以上	65～70%
70～75%	65%未満

※数位を示したのは割合の高い上位5都道県

▲都道府県別の第三次産業就業者数の割合

商業の移り変わり

●商業の中心が，商店街やデパートからコンビニエンスストアやスーパーマーケット，郊外の大型ショッピングセンターに変化している。

➡古くからある駅前の商店街やスーパーマーケットが閉店。

➡自動車を利用しない人々の買い物が不便になる。

★近年は＿＿＿＿＿＿＿＿＿を利用した買い物も普及している。

サービス業の成長

● _____ …目に見えないものを提供する業種。

情報通信業，金融・保険業など。

↳ 情報通信技術（ICT）の発展により社会や生活が変化する
IT革命がおこり，情報通信業の売り上げが増加した。

> **memo**
> インターネットを通して，
> 人々は世界中の情報を簡単に
> 手に入れられるようになり，
> 生活のさまざまな場面で情報
> の活用が進んでいる。

‑‑‑ 高齢者が増えた

● _____ が進んでいることから，医療・福祉業も成長している。

これも覚えよう

情報格差（デジタルデバイド）
… インターネットなどの情報通信技術（ICT）を，利用できる者と
利用できない者との間にもたらされる格差。

確認問題

(1) 第三次産業のうち，卸売業や小売業を何といいますか。

〔　　　　　　　　〕

(2) 近年，郊外に進出している，さまざまな種類の店が集まった大型の商業施設を
何といいますか。　　　　　　　〔　　　　　　　　〕

(3) 第三次産業のうち，情報通信業や金融・保険業などの業種をまとめて何といい
ますか。　　　　　　　　　　　　　　〔　　　　　　　　〕

(4) 世界中に網の目のようにはりめぐらされた，通信ケーブルや通信衛星を利用し
た通信網を何といいますか。　　　　　〔　　　　　　　　〕

(5) 情報通信技術の発展により，社会や生活のようすが変化したことを何といいま
すか。　　　　　　　　　　　　　　　〔　　　　　　　　〕

8 日本と世界のつながり

動画をみながら＿＿をうめよう!

運輸と交通

●国内輸送は，高速道路網の発達により，＿＿＿＿＿＿＿輸送が中心になった。

- 戸口から戸口で荷物を運べる

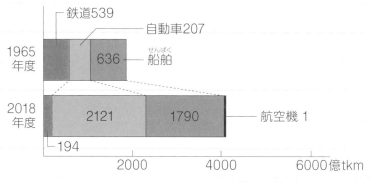

▼日本の貨物輸送の移り変わり

鉄道539
自動車207
1965年度　636 ← 船舶（せんぱく）
2018年度　2121　1790　航空機 1
194

2000　4000　6000億tkm

（「日本国勢図会」2020/21 年版）

● ＿＿＿＿＿＿輸送…重くてかさばる品物を大量に輸送。

➡原油・鉄鉱石などの原材料や，

自動車・鉄鋼などの工業製品など。

● ＿＿＿＿＿＿輸送…高価で軽量な品物，新鮮（しんせん）さが

求められる品物を輸送。

➡集積回路（IC），生花・野菜・魚など。

★輸送時間は短いが，輸送費が高い。

> **memo**
> 海上輸送は貨物輸送が中心。
> 航空輸送は輸送全体から見た
> 割合は小さいが，旅客輸送・
> 貨物輸送ともに輸送量が増加
> している。

空や海の交通網の発達で，国境を越えた人やモノの移動が活発になったよ。

これも覚えよう

成田（なりた）国際空港 … 日本有数の貿易港。通信機器・医薬品の輸入，
　　　　　　　　　　　精密機械の輸出が多い。
名古屋（なごや）港 … 日本有数の貿易港。自動車の輸出が多い。

貿易

● 輸出が多い貿易 ＿＿＿＿＿ の国と輸入が多い貿易 ＿＿＿＿＿ の国との間でおこる

　＿＿＿＿＿ など，貿易上の課題を解決するため，

　＿＿＿＿＿＿＿＿＿（WTO）が話しあいを行っている。

　　　　　　　　⌐----- 1980年代に自動車をめぐって，輸出入のバランスが悪くなった

● 日本企業は ＿＿＿＿＿＿＿＿＿＿＿ などとの貿易摩擦を解消するため，

海外での現地生産を進めた。

　　★人件費が安いアジアの国への工場移転も進めた。

▼日本のおもな貿易相手国

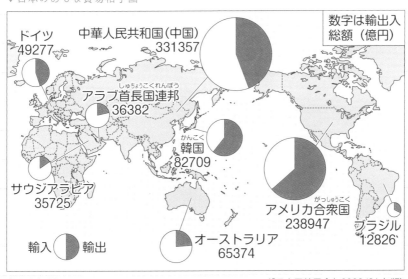

数字は輸出入
総額（億円）

ドイツ
49277

中華人民共和国（中国）
331357

アラブ首長国連邦
36382

韓国
82709

サウジアラビア
35725

アメリカ合衆国
238947

ブラジル
12826

輸入 ◐ 輸出

オーストラリア
65374

（2019年度）　　　　　　　　　　　　（「日本国勢図会」2020/21年版）

確認問題

(1) 石油や鉄鋼などを輸送するのに適し，時間がかかる分，安く品物を運ぶことが
できる輸送方法は何ですか。　　　　　　　　　〔　　　　　　　　　〕

(2) 集積回路や生鮮品を輸送するのに適し，輸送費がかかる分，早く品物を運ぶこ
とができる輸送方法は何ですか。　　　　　　　〔　　　　　　　　　〕

(3) 主に国家間で輸出入のバランスがくずれることでおこる，貿易上の問題を何と
いいますか。　　　　　　　　　　　　　　　　〔　　　　　　　　　〕

(4) 国家間の貿易上の問題を解決することを目的とした，国際機関の名称を何とい
いますか。　　　　　　　　　　　　　　　　　〔　　　　　　　　　〕

9 日本の地域区分と都道府県

都道府県と地方区分

● 1都1道2府43県の　＿＿＿＿＿＿都道府県がある。

● 北海道地方，東北地方，中部地方，関東地方，近畿地方，
中国・四国地方，九州地方の7つの地方に分けられる。

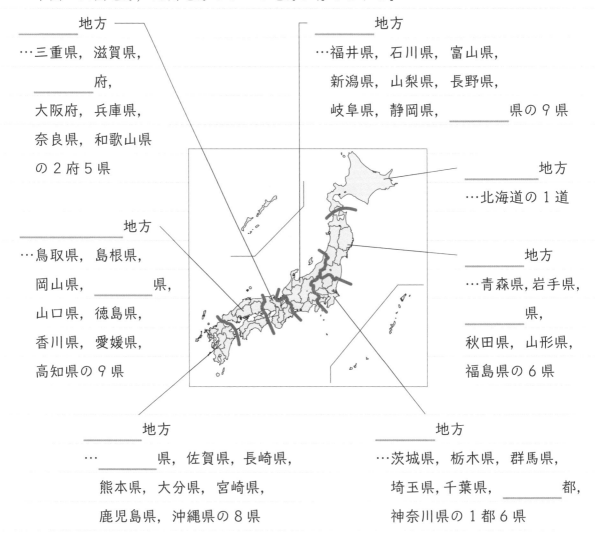

＿＿＿＿＿地方
…三重県，滋賀県，
　　　　　府，
大阪府，兵庫県，
奈良県，和歌山県
の2府5県

＿＿＿＿＿地方
…福井県，石川県，富山県，
　新潟県，山梨県，長野県，
　岐阜県，静岡県，＿＿＿＿県の9県

＿＿＿＿＿地方
…北海道の1道

＿＿＿＿＿地方
…鳥取県，島根県，
　岡山県，＿＿＿＿県，
　山口県，徳島県，
　香川県，愛媛県，
　高知県の9県

＿＿＿＿＿地方
…青森県,岩手県,
　　　　　県,
秋田県，山形県，
福島県の6県

＿＿＿＿＿地方
…＿＿＿＿県，佐賀県，長崎県，
　熊本県，大分県，宮崎県，
　鹿児島県，沖縄県の8県

＿＿＿＿＿地方
…茨城県，栃木県，群馬県，
　埼玉県，千葉県，＿＿＿＿都，
　神奈川県の1都6県

都道府県名と都道府県庁
所在地名を覚えよう。

都道府県庁所在地

●都道府県名と都道府県庁所在地名が異なるところ

道県	道県庁所在地	県	県庁所在地	県	県庁所在地
北海道	札幌市	埼玉県	さいたま市	三重県	津市
岩手県	市	神奈川県	市	兵庫県	神戸市
宮城県	仙台市	山梨県	甲府市	島根県	市
栃木県	宇都宮市	石川県	市	香川県	高松市
群馬県	市	愛知県	名古屋市	愛媛県	市
茨城県	水戸市	滋賀県	大津市	沖縄県	市

これも覚えよう

海に面していない県
…群馬県・埼玉県・栃木県・山梨県・
長野県・岐阜県・滋賀県・奈良県

こう覚えるといいよ！
「ぐ さ(っ)と 　やなぎ　しな(る)」
群馬/埼玉/栃木/山梨/長野/岐阜/滋賀/奈良

確認問題

(1) 日本には都道府県が全部でいくつありますか。

〔　　　　　〕

(2) 茨城県の県庁所在地はどこですか。

〔　　　　　〕

(3) 九州地方には，いくつの県がありますか。

〔　　　　　〕

(4) 福島県は何地方に属していますか。

〔　　　　　〕

(5) 奈良県は何地方に属していますか。

〔　　　　　〕

1 九州地方①

九州地方の自然

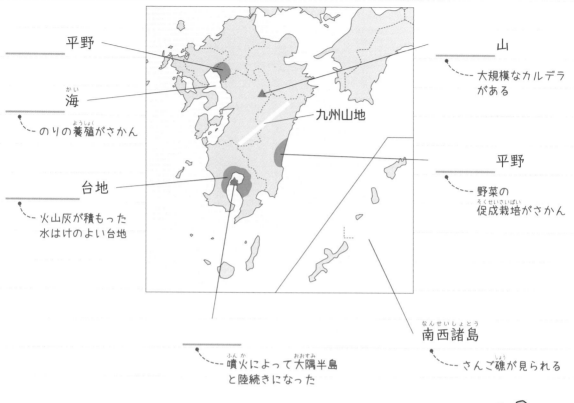

平野
＿＿＿＿＿＿＿

海
＿＿＿＿＿＿＿
└ のりの養殖がさかん

台地
＿＿＿＿＿＿＿
└ 火山灰が積もった
　水はけのよい台地

山
＿＿＿＿＿＿＿
└ 大規模なカルデラ
　がある

九州山地

平野
＿＿＿＿＿＿＿
└ 野菜の
　促成栽培がさかん

＿＿＿＿＿＿＿
└ 噴火によって大隅半島
　と陸続きになった

南西諸島
└ さんご礁が見られる

● 山地…中央に＿＿＿＿＿＿山地が広がる。
　➡ 阿蘇山, 桜島など火山が多い。
　　　└ 温泉や地熱発電に利用されている

阿蘇山には,世界最大級の
カルデラがあるよ。

あ,そー！
（阿　蘇）

● 台地…九州南部の火山灰が積み重なってできた＿＿＿＿＿＿＿＿。

● 南西諸島…周辺の浅い海には, さんごの死がいなどが重なってできた
　　　　　　＿＿＿＿＿＿＿が見られる。

● 気候…温暖だが, 梅雨や台風の影響で降水量が多い。

九州地方の農業・水産業

●筑紫平野…九州を代表する古くからの稲作地帯。米の裏作として麦を栽培する

　　　　　　　　　_____がさかん。

　　　　　　　　　　　└--- 同じ土地で，一年に二回，ちがう作物を栽培

●宮崎平野…温暖な気候を利用して，きゅうり・ピーマンなどの野菜の

　　　　　　　　　_____がさかん。

　　　　　　　　　　　└--- 作物の生育を早め，ほかの産地よりも早い時期に収穫・出荷する

　★ビニールハウスなどを利用した施設園芸農業で，促成栽培を行っている。

●九州南部…肉牛・豚などの　　　　　　や，サツマイモや茶などの

　　　　　　　畑作がさかん。

●沖縄県…さとうきび，パイナップル，花などの栽培がさかん。

確認問題

(1) 同じ耕地で，米と麦など一年に二種類の農作物を栽培する農業を何といいますか。　〔　　　　　　　〕

(2) 南西諸島周辺に見られる，浅い海でさんごの死がいなどが重なってできた地形を何といいますか。　〔　　　　　　　〕

(3) 九州南部にある，火山灰などが堆積してできた台地を何といいますか。　〔　　　　　　　〕

(4) 九州を代表する稲作地帯である九州北部の平野を何といいますか。　〔　　　　　　　〕

(5) 温暖な気候を利用して，きゅうりなどの促成栽培がさかんな九州南部の平野を何といいますか。　〔　　　　　　　〕

2 九州地方②

九州地方の工業

● 明治時代，現在の福岡県北九州市に

　官営の_____が建設され，

　鉄鋼業がさかんになった。

　➡_____工業地帯を形成し，かつては日本の

　重工業の中心だった。

> **memo**
> 八幡製鉄所
> 鉄鉱石の輸入先である
> 中国から近いこと，
> 近くにある炭田で
> 石炭が多く産出されたこと
> などの理由で発達。

● 1960年代以降，北九州工業地域の工業生産は

　大幅に減った。

　　…外国産の安くて良質な石炭が輸入されるようになったため。

　➡エネルギー源が石炭から石油に変わる_____革命が進み，

　　衰退した。

● 現在は自動車や_____（集積回路）など，機械工業への転換が図られている。

 ＩＣ工場は空港や高速道路の近くに多く分布しているんだ。

I see.（なるほどね。）

九州地方の環境保全

● 工業が発展する中で水や空気の汚染が進み，各地で_____が発生した。

　　┈┈ 環境破壊や人々への健康被害

　・北九州市…工場からの排煙で，ぜんそくが引きおこされた。

　・熊本県水俣市…化学工場から排出されたメチル水銀が原因で，

　　　　　　　　　　_____が発生した。

　　┈┈ 四大公害病の一つ

● 公害の教訓を活かし，ごみの分別やリサイクル，環境保全に取り組んでいる。

　➡北九州市や水俣市などは，_____都市に指定された。

　　┈┈ 脱炭素に向けた取り組みで政府から選定された都市

▼九州地方の工業と都市

北九州

水俣

_____ 工業地域

これも覚えよう

四大公害病 … 水俣病,
イタイイタイ病,
四日市ぜんそく,
新潟水俣病。

沖縄県の観光産業

●かつて _____ 王国が栄え，独自の文化を築いていた。

●第二次世界大戦後は，アメリカ合衆国の占領下におかれ，

現在もアメリカ軍の _____ が多い。

- - - 軍用機の離着陸による騒音などの問題がある

●温暖な気候や美しい自然と，琉球王国の文化遺産を活かした，

_____ 産業がさかん。

- - - リゾートの開発などが進んでいる

確認問題

(1) 明治時代に現在の北九州市に建設された官営工場を何といいますか。

〔　　　　　　　　　〕

(2) 福岡県にある，第二次世界大戦前まで日本の鉄鋼の半分以上を生産していた工
業地域を何といいますか。　　　　　　〔　　　　　　　　　〕

(3) エネルギー源が石炭から石油に変わったことを何といいますか。

〔　　　　　　　　　〕

(4) 化学工場から流れ出たメチル水銀が原因となり，熊本県を中心に引きおこされ
た公害を何といいますか。　　　　　　〔　　　　　　　　　〕

3 中国・四国地方①

動画をみながら＿＿をうめよう！

中国・四国地方の地域区分

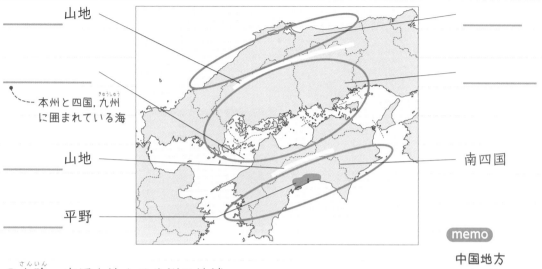

＿＿＿＿ 山地

本州と四国，九州に囲まれている海

＿＿＿＿ 山地

平野

南四国

memo

中国地方
本州西部に位置する地方で，鳥取県，島根県，岡山県，広島県，山口県が属する。

●山陰…中国山地より北側の地域。

★＿＿＿＿…中国地方の中で，中国山地よりも南側の地域。

●瀬戸内…中国山地と四国山地にはさまれた地域。

●＿＿＿＿…四国山地より南側の地域。

中国・四国地方の気候

●山陰…＿＿＿＿＿の気候。冬の季節風の影響により，

　　　　冬に降水量が多い。

●瀬戸内…瀬戸内の気候。中国山地と四国山地に季節風がさえぎられ，

　　　　年間を通じて＿＿＿＿＿が少ない。

　　　　➡ため池や用水路を整備し，水不足に備えてきた。

●南四国…＿＿＿＿＿の気候。夏の季節風の影響により，

　　　　夏に降水量が多い。

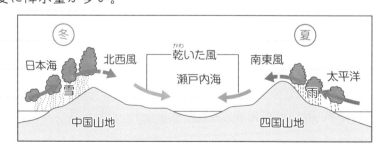

▼中国・四国地方の雨温図

気温　　高松　　　　高知　　　　松江　　　降水量
40℃　年平均気温16.3℃　17.0℃　　14.9℃　　500mm
30　　年降水量1082.3mm　2547.5mm　1787.2mm　400
20　　　　　　　　　　　　　　　　　　　　　300
10　　　　　　　　　　　　　　　　　　　　　200
0　　　　　　　　　　　　　　　　　　　　　100
−10　1月　7　12　1月　7　12　1月　7　12　0

（「理科年表」2013年版）

降水量に注目しよう。
一年中雨が少ない→「高松」
夏に降水量が多い→「高知」
冬に降水量が多い→「松江」

中国・四国地方の人口の分布

● _____ 市…中国・四国地方の _____ 。人口集中で過密となっている。

------ 地方の政治や経済の中心となる都市

➡ 1945年8月6日，_____ が投下され，大きな被害を受けた。

➡ 第二次世界大戦後は復興に力が注がれ，政令指定都市となっている。

政令指定都市は，道府県が行っている多くの業務を代わりに行うことができるよ。

これも覚えよう

原爆ドーム … 原子爆弾の被害を現代に伝えるために残されている建物。
世界文化遺産に登録されている。

● 山間部や離島では，少子高齢化が著しく，_____ が進行している。

確認問題

(1) 冬の季節風がぶつかる，中国地方を東西に走る山地を何といいますか。

〔　　　　　　　　　　〕

(2) 夏の季節風がぶつかる，四国地方を東西に走る山地を何といいますか。

〔　　　　　　　　　　〕

(3) 本州と四国，九州に囲まれた海を何といいますか。

〔　　　　　　　　　　〕

(4) 中国・四国地方の地方中枢都市はどこですか。

〔　　　　　　　　　　〕

(5) 山陰は何という気候区分に分類されますか。

〔　　　　　　　　　　〕

4 中国・四国地方②

中国・四国地方の産業

● 愛媛県では山の斜面でみかんの栽培が，

高知平野では温暖な気候を利用した野菜の ＿＿＿＿＿＿＿ が行われている。

- - - - なすやピーマンの生産量が多い

● 広島県でかき，愛媛県でまだいの ＿＿＿＿＿＿＿ がさかん。

　　　★複雑な海岸線で，水面がおだやかな瀬戸内海は，養殖業に適している。

● 瀬戸内海沿岸は水上交通の便がよいことから，＿＿＿＿＿＿＿＿＿＿ が

形成された。

- ・福山（広島県）➡製鉄業
- ・水島（岡山県倉敷市），周南（山口県），新居浜（愛媛県）など

　➡石油化学工業

　　★ ＿＿＿＿＿＿＿＿＿＿＿＿＿＿ が形成されている。

　　　　- - - 石油精製工場を中心に，関連する工場などが集まっている地域

- ・呉や尾道（広島県）など➡造船業
- ・広島市➡自動車工業

中国・四国地方の交通

● 高速道路や，新大阪駅－博多駅を結ぶ ＿＿＿＿＿＿＿＿＿ が

中国地方の東西を結ぶ。

● 本州と四国の間に ＿＿＿＿＿＿＿＿＿ がつくられたことで

四国から本州へ買い物に行く人が増え，

地方都市の経済が衰退しているという課題が生じている。

　　★本州四国連絡橋

　　　…瀬戸大橋（児島—坂出）

　　　明石海峡大橋と大鳴門橋（神戸—鳴門）

　　　しまなみ海道（尾道—今治）

> 本州と四国を結ぶ
> フェリーは，
> 橋の影響で減便に
> なったんだよ。

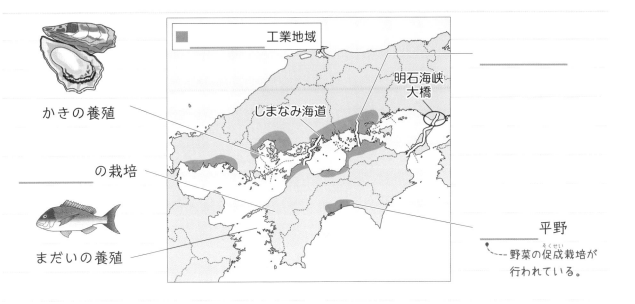

かきの養殖

の栽培

まだいの養殖

工業地域

明石海峡大橋

しまなみ海道

平野
野菜の促成栽培が
行われている。

これも覚えよう

ストロー現象 … 交通網の開通で，人や資本が，地方から大都市に
吸い取られる現象。
本州四国連絡橋の開通では，四国から本州の大都市に
移動する人が増えた。

確認問題

(1) 高知平野でさかんな，温暖な気候を利用して行う野菜の早づくりを何といいますか。〔　　　　　　　〕

(2) 瀬戸内海で行われている，まだいやかきを大きくなるまで育てる漁業を何といいますか。〔　　　　　　　〕

(3) 関連する工場が原料や製品を利用しあって生産の効率を高めるために計画的につくられた工場群を何といいますか。〔　　　　　　　〕

(4) 中国地方の南部を東西に走る新幹線を何といいますか。〔　　　　　　　〕

(5) 本州と四国の間につくられた橋（ルート）をまとめて何といいますか。〔　　　　　　　〕

5 近畿地方①

近畿地方の自然

●北部…なだらかな山地が広がる。 ＿＿＿＿＿＿＿＿の気候。

└-- 冬の降水量が多い

●中央…低地で平野や ＿＿＿＿＿＿があり，

　　　　夏の暑さと冬の寒さが厳しい。

●南部…険しい紀伊山地が広がる。

　　　　温暖で降水量が多い ＿＿＿＿＿＿＿の気候。

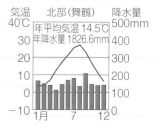

気温　北部（舞鶴）　降水量
年平均気温 14.5℃
年降水量 1826.6mm

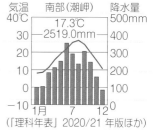

気温　南部（潮岬）　降水量
17.3℃
2519.0mm

（「理科年表」2020/21 年版ほか）

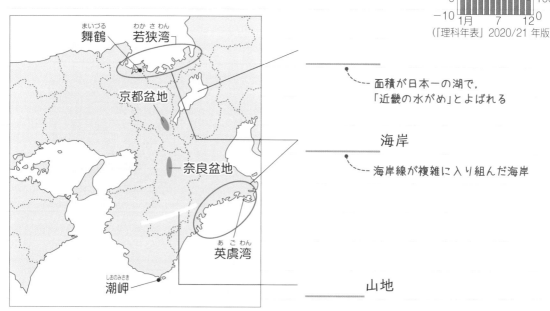

面積が日本一の湖で，「近畿の水がめ」とよばれる

＿＿＿＿＿海岸

└-- 海岸線が複雑に入り組んだ海岸

＿＿＿＿＿山地

近畿地方の産業

●人口の多い大都市周辺では， ＿＿＿＿＿＿がさかん。

└-- 農産物の消費地や市場への近さを活かす

●和歌山県…温暖な気候を活かして ＿＿＿＿＿＿や梅の栽培がさかん。

●紀伊山地…古くから，すぎやひのきの産地として ＿＿＿＿＿がさかん。

●英虞湾… ＿＿＿＿＿の養殖がさかん。

●阪神工業地帯…大阪湾沿岸に広がる。

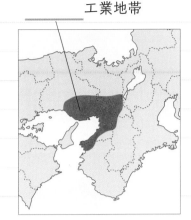

工業地帯

➡せんい工業を中心に発展し，

現在は機械工業がさかん。

★東大阪市周辺では，小さな部品製造から

先端技術産業まで，さまざまなモノをつくる

_____ が多い。

memo
中小企業
製造業においては，資本金
3億円以下または従業員数
300人以下の企業のこと。

➡工業地帯では，工業用水のくみ上げによって _____ が発生。

★工業用地の拡大のために大阪湾の埋め立てが進み，現在では

太陽光発電のパネルや蓄電池などの新しい分野の工場が建てられた。

● _____ 大都市圏…大阪を中心に，京都・神戸・奈良などが含まれる

人口が多い地域。

確認問題

(1) 「近畿の水がめ」とよばれる，日本一面積の大きな湖を何といいますか。

〔   〕

(2) すぎやひのきの生産が行われてきた，林業がさかんな近畿地方南部の半島を東西に走る山地を何といいますか。 〔   〕

(3) 大阪湾沿岸に広がる工業地帯を何といいますか。

〔   〕

(4) 大阪を中心に，京都や神戸，奈良など人やモノの移動で強い結びつきを持つ地域を何といいますか。 〔   〕

(5) 若狭湾や英虞湾付近に見られる，海岸線が複雑に入り組んだ海岸を何といいますか。

〔   〕

6 近畿地方②

近畿地方の歴史

● 710年に都として平城京がつくられた＿＿＿＿＿や，

794年に都として平安京がつくられた＿＿＿＿＿は，古い歴史を持つ古都である。

➡ 伝統的な建物と歴史的景観を維持する努力がなされている。

➡ 京都の＿＿＿＿＿織や＿＿＿＿＿焼，奈良の＿＿＿＿＿や奈良筆など，

伝統的工芸品の生産がさかん。

▲西陣織

▲清水焼

▲奈良墨

● ＿＿＿＿＿…江戸時代に全国から物資が集まる商業の拠点であったことから

「＿＿＿＿＿＿＿＿」とよばれた。

● 地方別の重要文化財に登録されているものの数は，

近畿地方が最も多い。

➡ 近畿地方の中では＿＿＿＿＿，奈良県，滋賀県の順に多い。

近畿地方には，世界文化遺産がたくさんあるよ。

＿＿＿＿＿城

▲姫路城

• ○ 世界文化遺産

古都京都の文化財

京都

古都奈良の文化財

大阪

奈良

百舌鳥・古市古墳群

法隆寺地域の仏教建造物

紀伊山地の霊場と参詣道

▲近畿地方の世界文化遺産

近畿地方の発展

●大阪を中心に卸売業（おろしうり）が発展し，明治時代以降には工業化が進んだ。

➡大正～昭和時代に，私鉄の沿線に住宅地や商業地などが開発された。

------- 大都市の過密を解消するため，大都市周辺に建設された市街地

●郊外（こうがい）に ＿＿＿＿＿＿＿＿＿ がつくられてきた。

➡大阪府の千里（せんり）や泉北（せんぼく）につくられたニュータウンは，

開発から 50 年以上が経ち，

建物の老朽化（ろうきゅうか）と住民の少子高齢化（こうれい）が進んでいる。

近畿地方でも，都市から離（はな）れた場所では，過疎（かそ）が進んでいるよ。

●近年は，大阪湾（おおさかわん）沿いで再開発が進められた。

➡人工島に ＿＿＿＿＿＿ 空港， ＿＿＿＿＿＿＿＿＿＿ や六甲（ろっこう）アイランド。

丘陵地（きゅうりょうち）を削（けず）り，その土で臨海部を埋（う）め立てて人工島を建設した -----

●神戸（こうべ）を中心に，1995 年に ＿＿＿＿＿＿＿＿＿＿ 大震災（だいしんさい）の被害（ひがい）を受けた。

➡今後に備えて対策が進められている。

これも覚えよう

兵庫県明石市（あかし） … 日本の標準時子午線（東経 135 度）が通る。

確認問題

(1) 奈良や京都のように，政治の中心として古くからの歴史がある都市を何といいますか。 〔　　　　　　〕

(2) 江戸時代に「天下の台所」とよばれ，商業の中心地として栄えた都市はどこですか。 〔　　　　　　〕

(3) 都市部の過密化を防ぐため，郊外につくられた住宅地を何といいますか。 〔　　　　　　〕

(4) 兵庫県にある，世界文化遺産に登録されている城を何といいますか。 〔　　　　　　〕

(5) 1995 年，兵庫県南部地震（じしん）によって，神戸を中心に広い範囲（はんい）で被害を受けた災害を何といいますか。 〔　　　　　　〕

7 中部地方①

動画をみながら____をうめよう！

中部地方の自然

● 中部地方の日本海側の地域を北陸，太平洋側の地域を東海，

内陸部の標高の高い地域を中央高地という。

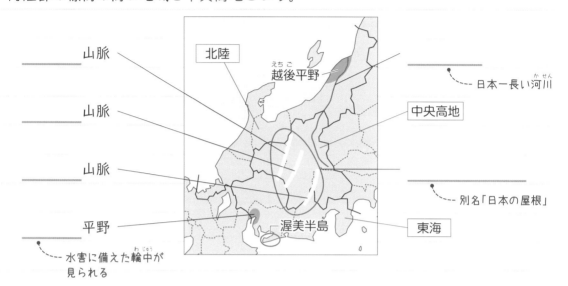

_____山脈

_____山脈

_____山脈

_____平野
└── 水害に備えた輪中が見られる

北陸
越後平野

中央高地

渥美半島

東海

└── 日本一長い河川

└── 別名「日本の屋根」

memo

川に囲まれた標高の低い
地域に，堤防で輪のように
囲んだところを輪中という。

日本アルプスの山脈は，
南から「赤い木，飛ぶ」
って覚えるといいよ！

これも覚えよう

日本アルプス … 標高3000m級の山々（飛騨山脈
・木曽山脈・赤石山脈）の総称。

● _____ …日本海側の気候に属する地域。

➡ 冬に北西から季節風が吹くため降水量が多く，_____地帯。

● _____ …太平洋側の気候に属する地域。

➡ 夏から秋は降水量が多く，冬は温暖。

● _____ …中央高地の気候に属する地域。

➡盆地は，夏の気温が高い。

★高原は，夏も涼しく避暑地となるところもある。

中部地方の農業

地域それぞれの自然や気候に合った農業が行われている。

新潟県のコシヒカリは，銘柄米として有名だね。

● 北陸…日本を代表する穀倉地帯。

一年に一回だけ稲作を行う _____ がさかん。

● 中央高地…高原を中心に，レタスやキャベツなどの _____ 栽培。

扇状地で，りんご・ _____ ・ももなどの果物を栽培。

‑‑‑ 山梨県と長野県で収穫量全体の約4割を占める

● 東海…渥美半島で，メロンや _____ などの施設園芸農業。

‑‑‑ 菊に光を当てて開花時期を調整している

静岡県の丘陵地では， _____ やみかんの栽培がさかん。

‑‑‑ 明治時代から栽培がさかん

これも覚えよう

中部地方の漁業

焼津港 … 静岡県の代表的な漁港。遠洋漁業の基地で，全国有数の水揚げ高。

確認問題

(1) 野菜などを旬の時期よりも遅く育てる栽培方法を何といいますか。

〔　　　　　　〕

(2) 北陸などで見られる，一年に一回だけ稲作を行う農業を何といいますか。

〔　　　　　　〕

(3) 飛驒山脈，木曽山脈，赤石山脈を総称して何といいますか。

〔　　　　　　〕

(4) 日本で最も長い河川を何といいますか。

〔　　　　　　〕

8 中部地方②

中部地方の工業

動画 ▶ をみながら＿＿をうめよう!

＿＿＿＿＿ 工業地域

鯖江（さばえ）

諏訪湖（すわこ）

＿＿＿＿＿ 工業地帯

豊田（とよた）　富士（ふじ）　浜松（はままつ）

＿＿＿＿＿ 工業地域

● ＿＿＿＿＿

…愛知県を中心とする日本最大の工業地帯。

＿＿＿＿＿工業がさかんで,

豊田市やその周辺に関連工場が集まる。

▼主な工業地帯, 工業地域の製造品出荷額等

中京工業地帯	58兆9,550億円
阪神（はんしん）工業地帯	33兆6,597億円
関東内陸（かんとうないりく）工業地域	32兆　161億円
瀬戸内（せとうち）工業地域	31兆1,899億円
京浜（けいひん）工業地帯	25兆2,929億円

(2019年)　　　(経済産業省「工業統計調査」より作成)

▼中京（ちゅうきょう）工業地帯の製造品出荷額等の割合

金属 9.4%	機械 69.4	化学 6.2	その他 9.5

食料品 4.7 ┐
せんい 0.8

(2017年)　(「日本国勢図会」2020/21年版)

愛知県豊田市は, 自動車企業（きぎょう）の「企業城下町」といわれているよ。

● ＿＿＿＿＿

…静岡県沿岸部を中心とする工業地域。

・浜松市➡オートバイや＿＿＿＿＿の生産がさかん。

・富士市など➡製紙・＿＿＿＿＿工業がさかん。

● ＿＿＿＿＿

…新潟県や富山県を中心とする工業地域。

➡化学工業が発達している。

●北陸では，特定の地域で，その地域の原料などと結びついた特産品を製造する

　　　　＿＿＿＿＿＿＿が発展している。

　　　➡福井県鯖江市のめがねフレームのように，古くは農家の副業として始まり，

　　　現在でも受け継がれる伝統的工芸品をつくる産業を，＿＿＿＿＿＿＿という。

北陸の地場産業として，
・石川県の輪島塗
・新潟県燕市の金属製品
・富山県の製薬
などがさかんだよ。

冬に積雪で農業ができ
ない間に，農家が作業
したことが始まりだっ
たんだね。

これも覚えよう

富山県のアルミニウムサッシ
　… 地場産業である銅器の製造技術と，黒部ダムの水力発電を活かし，
　大量の電力と水を使用するアルミニウム工業を発展させた。

●長野県諏訪湖周辺では，戦前からの製糸技術と，きれいな空気や水を活かして
精密機械工業が発達した。

確認問題

(1) 日本一の工業出荷額である，愛知県を中心とした工業地帯を何といいますか。

〔　　　　　　　　　　　〕

(2) 愛知県豊田市などで製造がさかんな輸送用機械は何ですか。

〔　　　　　　　　　　　〕

(3) 静岡県に広がる，オートバイや楽器の生産がさかんな工業地域を何といいます
か。

〔　　　　　　　　　　　〕

(4) 新潟県や富山県を含む一帯に広がる工業地域を何といいますか。

〔　　　　　　　　　　　〕

(5) 福井県鯖江市のめがねフレームの製造のように，古くから地域の特産品を生産
している産業を何といいますか。

〔　　　　　　　　　　　〕

9 関東地方①

関東地方の自然

動画をみながら＿＿をうめよう！

＿＿＿＿＿
⌐ 流域面積が
　日本最大

関東山地

東京

＿＿＿＿＿
⌐ 日本最大の平野

小笠原諸島や
伊豆諸島は,
東京都の島だよ。

＿＿＿＿諸島
⌐ 世界自然遺産

●関東平野には, 風に飛ばされてきた火山灰が積もってできた,

　　　　　＿＿＿＿＿＿＿とよばれる赤土の地層が見られる。

　➡利根川や多摩川など多くの河川の流域には, 低地が広がる。

●関東地方の気候…＿＿＿＿＿＿の気候。

　★内陸部では, 冬に冷たく乾いた

　　北西の季節風（＿＿＿＿＿＿）が吹く。

日本海側
しめった風が
雪を降らせる

太平洋側
乾燥した風が
吹き付ける

　★小笠原諸島・伊豆諸島などは

　　　　　　＿＿＿＿＿＿性の気候で, 観光業などのレジャー産業がさかん。
　　　　　⌐ 熱帯に近い温帯

●ヒートアイランド現象…都市部の気温が, 周辺と比べて高くなる

　　　　　　現象。植物の減少や, エアコンからの熱い排気などが原因。

関東地方の人口

●＿＿＿＿＿…日本の首都で, 国会議事堂や最高裁判所など,

　　　　国の政治の中枢機能が集中している。

●東京には多くの企業や学校があり，周辺の地域や県から通勤・通学者が

集まることから，夜間人口よりも ＿＿＿＿＿＿＿ のほうが多い。

その地域に住んでいる人口 ┈┈┈┈ ●　　　　　　　　　　　●┈┈┈ 昼間，その地域で過ごしている人口

●都心の西側の新宿，渋谷，池袋などの鉄道のターミナル駅周辺は，都心の機能を

補っており， ＿＿＿＿＿ とよばれる。新宿には東京都庁がある。

memo

昼間人口…夜間人口から，通勤や通学のために
その地域から出ていく人口をひいて，逆にその
地域に入ってくる人口をたした人口のこと。

観光や買い物など
で移動している人
は含まないよ。

●東京23区へ通う人々が暮らす住宅地は，郊外だけでなく神奈川県・埼玉県・千葉県・

茨城県など周辺の県にまで広がり， ＿＿＿＿＿＿＿＿＿ を形成している。

　➡日本の人口の約 ＿＿＿＿ 分の1が集中している。

●東京大都市圏は人口集中による ＿＿＿＿＿ のため，ごみの増加，

通勤時間の混雑・交通渋滞などの ＿＿＿＿＿＿ がおきている。

　➡多摩や海浜など郊外に， ＿＿＿＿＿＿＿＿＿ という住宅団地を建設。

　➡都心部の再開発。

確認問題

(1) 日本最大の平野を何といいますか。

〔　　　　　　　　　　　　　〕

(2) 日本で最も流域面積の広い河川を何といいますか。

〔　　　　　　　　　　　　　〕

(3) 日本の首都であり，政治や経済，文化の中心となっている都市はどこですか。

〔　　　　　　　　　　　　　〕

(4) 日本の首都を中心とした大都市圏を何といいますか。

〔　　　　　　　　　　　　　〕

(5) 通勤・通学者が集まる地域では，ふつう，夜間人口と昼間人口のどちらが多く
なりますか。

〔　　　　　　　　　　　　　〕

10 関東地方②

関東地方の工業
（かんとう）

●原料や製品の移動に便利な臨海部の埋め立て地に，工業地帯・工業地域が広がる。
（う）（た）

➡京浜工業地帯（東京〜神奈川）…機械工業や出版・印刷業がさかん。
（けいひん）

　　　自動車などの輸送機械 ----　　　　　　　---- 東京は文化の発信地

➡京葉工業地域（東京〜千葉）…石油化学工業や鉄鋼業がさかん。
（けいよう）

　　　　　　---- 石油化学コンビナート

京浜は，東京から横浜にかけての地域をさすよ。

京葉は，東京から千葉にかけての地域だね。

●近年は高速道路などの交通が発達したことで，安くて広い用地のある内陸部に

＿＿＿＿＿＿がつくられ，関東内陸工業地域が形成された。

➡自動車などの機械工業や食料品工業がさかん。

　★＿＿＿＿＿＿＿＿を積極的に受け入れてきた工場も多い。

　　---- 群馬県大泉町に多く住む日系ブラジル人など
　　　　（おおいずみまち）

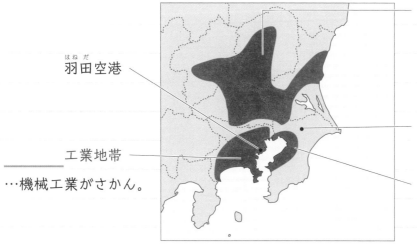

＿＿＿＿＿＿工業地域
…機械工業・食料品工業がさかん。

羽田空港
（はねだ）

成田国際空港
（なりた）

＿＿＿＿＿＿工業地帯
…機械工業がさかん。

＿＿＿＿＿＿工業地域
…化学工業がさかん。

▼関東地方の工業地帯・工業地域の製造品出荷額等割合

		金属	機械		食料品	せんい0.2
京葉工業地域	12兆円	21.5%	13.1	化学39.9	15.8	15.1
北関東工業地域	31兆円	13.9%	45.0	9.9	15.8	その他0.6 / 15.1
京浜工業地帯	32兆円	8.9%	49.4	17.7	11.0	0.4 / 12.6

（2017年）　　　　　　　　　　　　（「日本国勢図会」2020/21年版）

関東地方の農業

●大都市に近いことから＿＿＿＿＿＿が安く，新鮮なまま出荷・販売ができる

　　　＿＿＿＿＿＿がさかん。

　　➡茨城県（はくさい，ピーマン）や千葉県（ほうれんそう，ねぎ）

●群馬県嬬恋村では涼しい気候を活かした＿＿＿＿＿＿の栽培。

　　　　　　　　　　　　　　　　└── キャベツの抑制栽培

関東地方の交通・通信

●＿＿＿＿＿＿空港（千葉県）…貿易額日本一の空港。

●＿＿＿＿＿（東京国際）空港（東京都）…国内・海外ともに多くの便の

　　　　　　　　　　　　　　　発着地となっている日本最大規模の空港。

●テレビ局やインターネット関連企業などの情報通信産業は，東京に集中。

これも覚えよう

ターミナル駅 … 都心と郊外などを結ぶ列車が発着する駅のこと。他の路線へ
の連絡があり，多くの人が乗り換えなどで利用する。
東京の新宿・池袋・渋谷，大阪の梅田・難波など。

（確認問題）

(1) 東京都から神奈川県に広がる工業地帯を何といいますか。

〔　　　　　　　　　〕

(2) 千葉県を中心に広がる工業地域を何といいますか。

〔　　　　　　　　　〕

(3) 栃木県・群馬県・埼玉県・茨城県にまたがる工業地域を何といいますか。

〔　　　　　　　　　〕

(4) 大都市に近いことを活かして野菜などを新鮮なまま出荷・販売する農業を何と
いいますか。　　　　　　　　　　　　　〔　　　　　　　　　〕

(5) 貿易額日本一の空港はどこですか。　〔　　　　　　　　　〕

11 東北地方①
とうほく

東北地方の自然

動画
をみながら
＿＿＿をうめよう!

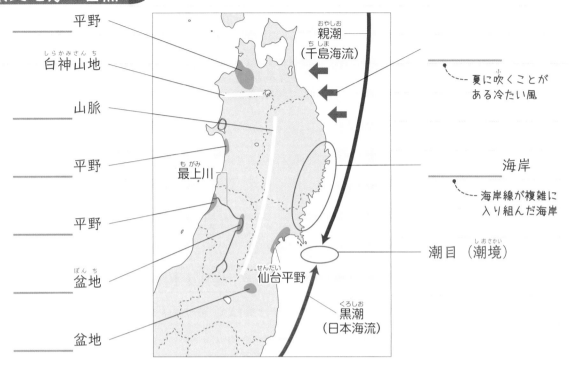

＿＿＿＿＿平野

白神山地
しらかみさんち

＿＿＿＿＿山脈

＿＿＿＿＿平野
最上川
もがみ

＿＿＿＿＿平野

＿＿＿＿＿盆地
ぼんち

＿＿＿＿＿盆地

親潮
おやしお
（千島海流）
ちしま

＿＿＿＿＿
夏に吹くことが
ふ
ある冷たい風

＿＿＿＿＿海岸
海岸線が複雑に
入り組んだ海岸

潮目（潮境）
しおさかい

仙台平野
せんだい

黒潮
くろしお
（日本海流）

これも覚えよう

東北地方の気候は，奥羽山脈を境に

西側が日本海側の気候，東側が太平洋側の気候になっている。

● ＿＿＿＿＿…青森県南東部から宮城県東部まで続く海岸。

　　南部ではリアス海岸が見られる。

★ 2011年の東北地方太平洋沖地震では，津波などさまざまな被害が
じしん　　　　　　　　　つなみ　　　　　　ひがい
出た（＿＿＿＿＿＿＿＿＿＿）。

● ＿＿＿＿＿山地…青森県と秋田県の県境に位置する，ぶなの原生林が広がる地域。
げんせいりん
世界自然遺産に登録されている。
いさん

● 最上川…庄内平野を流れる日本三大急流の一つ。
しょうない

東北地方の農業

●稲作…秋田平野や庄内平野，仙台平野を中心にさかん。

　➡米の生産量は，都道府県別では新潟県が第1位であるが，

　　地方別では東北地方が第1位。日本の穀倉地帯。

　➡やませで　　　　　　の被害を受けることもある。

　　★品種改良により，冷害に強い米も開発された。

●果樹栽培…水はけのよい扇状地でさかん。

　津軽平野➡　　　　　　　山形盆地➡　　　　　　　　福島盆地➡

●畜産…主に岩手県で肉牛，乳牛，肉用若鶏などの飼育がさかん。

東北地方の水産業

●三陸海岸はリアス海岸が続き，波がおだやかなため，

　わかめ，ほたてなどの　　　　　　が行われる。

●寒流の親潮（千島海流）と暖流の黒潮（日本海流）がぶつかるところに

　　　　　　　　　　　ができる。プランクトンが豊富で，好漁場となっている。

確認問題

(1) 東北地方は稲作がさかんなことから，日本の何地帯とよばれていますか。

〔　　　　　　　　　　〕

(2) 東北地方の中央部を南北に走り，日本海側の気候と太平洋側の気候に分ける山
脈を何といいますか。

〔　　　　　　　　　　〕

(3) 夏に東北地方の北東部に吹くことがある，冷たい風を何といいますか。

〔　　　　　　　　　　〕

(4) 山地や谷が海に沈んでできた，入り江の連なる海岸地形を何といいますか。

〔　　　　　　　　　　〕

12 東北地方②

東北地方の年中行事

●東北三大祭り…夏に行われ，多くの観光客が訪れる。

　　・青森ねぶた祭　➡青森県青森市。

　　・秋田竿燈まつり➡秋田県秋田市。

　　・仙台七夕まつり➡宮城県仙台市。

▼東北地方の祭りの開催地

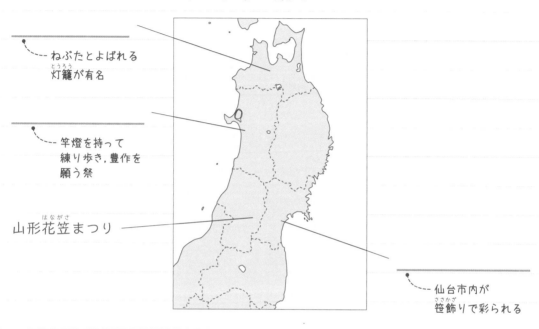

ねぶたとよばれる
灯籠が有名

竿燈を持って
練り歩き,豊作を
願う祭

山形花笠まつり

仙台市内が
笹飾りで彩られる

●なまはげ

　・男鹿半島（秋田県）の行事。「男鹿のナマハゲ」として

　　国の　　　　　　　　　　　　　に指定されている。

　・2018年には，全国の来訪神行事とともに，ユネスコの

　　無形文化遺産に登録された。

> 伝統的工芸品には,
> 地元の森林資源や鉱
> 産資源が利用されて
> きたんだ。

東北地方の伝統産業

●農作業のできない冬の仕事として昔から行われている

　工芸品づくりが，　　　　　　　　として続いている。

▲東北地方の主な伝統的工芸品と高速道路

●地場産業と伝統産業

・地場産業は，特定の地域で，その地域の原料などと結びついた
　特産品を製造する産業。

・伝統産業は，その地方の伝統技術を受け継いで，伝統的工芸品を製造する産業。
　古い歴史があり，主に手作業で行う。地場産業の中に伝統産業が含まれる。

東北地方の工業と都市

●近年，高速道路の発達により，＿＿＿＿＿＿＿＿＿沿いに

　IC工場などの工業団地が形成された。

●＿＿＿＿市…東北地方の地方中枢都市。政令指定都市。

確認問題

(1) 東北三大祭りのうち，青森県青森市で行われる祭りを何といいますか。
〔　　　　　　　〕

(2) 東北三大祭りのうち，宮城県仙台市で行われる祭りを何といいますか。
〔　　　　　　　〕

(3) 東北三大祭りのうち，秋田県秋田市で行われる祭りを何といいますか。
〔　　　　　　　〕

(4) 地元の原材料を使って，昔から行われている工芸品をつくる産業を何といいま
すか。
〔　　　　　　　〕

13 北海道地方①

北海道地方の自然

動画をみながら＿＿をうめよう！

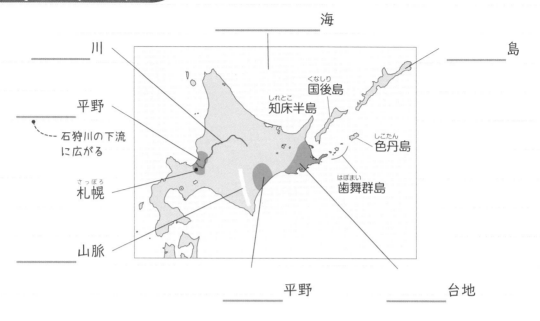

＿＿＿＿海

＿＿＿＿川

＿＿＿＿島

＿＿＿＿平野
┄┄ 石狩川の下流に広がる

国後島（くなしり）

知床半島（しれとこ）

色丹島（しこたん）

札幌（さっぽろ）

歯舞群島（はぼまい）

＿＿＿＿山脈

＿＿＿＿平野　　　　　　＿＿＿＿台地

● ＿＿＿＿半島…冬にはオホーツク海から＿＿＿＿がおし寄せる。

➡知床として＿＿＿＿＿＿＿＿に登録されている。

➡生態系の保全と観光を両立するための

　　　　　　　　＿＿＿＿＿＿の取り組みが進められている。

●北海道は火山が多い

➡洞爺湖などの＿＿＿＿＿＿地形や温泉など，地形に影響（えいきょう）を与えた。
┄┄ 火山灰や溶岩（ようがん）の噴出（ふんしゅつ）後にできる大きなくぼ地

➡2000年に有珠山（うすざん）が噴火したが，避難情報の発信や砂防ダムの設置，

　防災マップ（＿＿＿＿＿＿＿＿＿）の活用により減災。

　★洞爺湖や有珠山周辺はユネスコ世界ジオパークに認定（にんてい）されている。

●根釧台地（こんせん）…火山灰が積もって形成された台地。

　　　　　　　　＿＿＿＿＿＿の影響で，夏でも冷涼（れいりょう）な気候。
┄┄ 日光をさえぎる

memo

根釧台地の濃霧（のうむ）は，夏の水分の多い南東風が親潮（寒流）で冷やされて，空気中の水蒸気が霧（きり）となってできる。

● 気候…北海道の気候。　　　　　　（亜寒帯）に属する。

　　　夏は涼しく過ごしやすいが，冬の寒さが厳しい。

北海道は寒く，雪が多い
から，さまざまな工夫
がなされているよ。

窓や玄関を二重にした
り，壁に断熱材を入れ
たりしているね。

これも覚えよう

ロードヒーティング … 道路の下に電熱線などを通して，
　　　　　　　　　　　道路の雪を溶かすための装置。

北海道地方の歴史

● 　　　　　　　民族…北海道の先住民族。狩りや漁をして暮らしていた。

　　　★北海道の地名にはアイヌ語が由来のものも多い。

● 明治時代に，政府が札幌に　　　　　　　という役所を置き，

　　　　　　　　や各地からの移住者によって開拓が行われた。

　　　┄┄ 北海道の警備と開拓にあたった農兵。ふだんは農民，戦時には兵士

● 　　　　市…明治時代に作られた計画都市で，碁盤目状の道路網が特徴。

　　　　　　北海道の地方中枢都市。

▲アイヌ

確認問題

(1)　知床は，ユネスコによって何に登録されていますか。

〔　　　　　　　　　　　　〕

(2)　北海道南東部で，夏の季節風が親潮に冷やされることで発生するものは何です
か。
〔　　　　　　　　　〕

(3)　日高山脈の東に位置する平野を何といいますか。

〔　　　　　　　　　〕

(4)　北海道の北東に位置する海域を何といいますか。

〔　　　　　　　　　〕

(5)　北海道の先住民族を何といいますか。〔　　　　　　　〕

14 北海道地方②

北海道地方の農業

● 北海道地方の農地は，全国平均に比べて広い。

● ＿＿＿＿＿＿ な経営を行っているのが特色で，

大型機械を使って耕作している。

	1.0ha未満		10.0ha以上
北海道	7.7%	29.1%	63.3%

1.0～10.0ha 　　1.9%

都府県	53.5%	44.6%

(2019年) 　（「日本国勢図会」2020/21年版）
※計算により100%にならない場合があります。

▲北海道地方と都府県の耕地規模別販売農家の割合

● 石狩平野…客土や排水で泥炭地の土壌改良を行い，

＿＿＿＿＿＿ で寒さに強い稲を生み出して，

稲作を行っている。

> **memo**
> 他の土地から
> 土をもってきて，
> 土地を改良する
> 方法を客土という。

● 根釧台地…冷涼な気候で稲作や畑作に不向き

であったが，＿＿＿＿＿＿ がさかんに

なった。

> 冷涼な気候でも育つ
> 牧草を栽培し，乳牛
> を育てているよ。

● ＿＿＿＿＿＿ …火山灰が積もった土壌で水はけがよく，

農作物の栽培に不向きだったが，改良によって

日本有数の畑作地帯となった。

➡ 小麦・＿＿＿＿＿＿・じゃがいもなどの栽培がさかん。
　　　　　└--- さとうの原料

➡ 年ごとに栽培する作物を順番に変えることで，

土壌中の養分を安定させる ＿＿＿＿＿ という方法が，

多くの畑で行われている。

▲てんさい

北海道地方の水産業

　　　　　　　　　┌--- 大きくなるまで育てる
● サロマ湖…ほたて貝の ＿＿＿＿＿ や，稚貝をオホーツク海へ放流する

＿＿＿＿＿ が行われている。
　　　└--- 「育てる漁業」

● ＿＿＿＿＿ 港・根室港は，水揚げが多い。

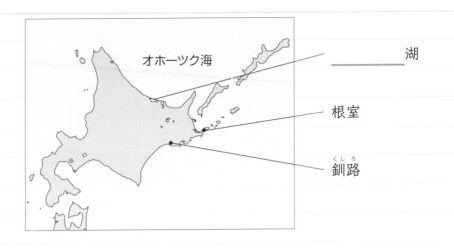

_____湖

根室

釧路（くしろ）

オホーツク海

北海道地方の工業・観光業

● 北海道でとれた原材料を加工する _____
（農畜産物加工（のうちくさんぶつ），水産加工），製紙業などがさかん。

● 北海道の自然，雪や寒さを活かした _____産業もさかん。
★札幌市（さっぽろ）の「さっぽろ雪まつり」

生乳は，牛乳やバター，チーズに加工されるよ。

確認問題

(1) 石狩平野で栽培がさかんなものは何ですか。 〔　　　　　〕

(2) 石狩平野で行われた，他の土地から土をもってくることで土地を改良する方法を何といいますか。 〔　　　　　〕

(3) 十勝平野（とかち）で行われている，年ごとに作物を変える栽培方法は何ですか。
〔　　　　　〕

(4) 根釧台地でさかんな，乳牛などを飼育する農業は何ですか。 〔　　　　　〕

(5) 北海道で行われている，ほたて貝などの稚貝を海に放流し，大きくなってからとる漁業を何といいますか。 〔　　　　　〕

1 身近な地域の調査

動画をみながら＿＿＿をうめよう！

地図記号

●地図記号…その土地がどう利用されているかを表す記号。

◎	市役所	文	＿＿＿＿	⊕	病院
⊖	郵便局	✕	交番	☼	＿＿＿＿
⌖	＿＿＿＿	血	博物館・美術館	𐄙	図書館
🏠	老人ホーム	开	神社	卍	＿＿＿＿
‖	田	∨	畑	○̇	果樹園

●地図記号の覚え方

⊖　＿＿＿＿＿…円の中に郵便記号

☼　工場…歯車の形

⌖　＿＿＿＿＿＿＿＿…歯車から電線が二本

文　小・中学校…「文」字を学ぶ場所

🏠　＿＿＿＿＿＿…家の中につえ

○̇　＿＿＿＿＿…果実の形

方位

●地図上ではふつう，上が＿＿＿＿を示す。

16方位▶

北北西　北　北北東
北西　　　　　北東
西北西　　　　東北東
西　　　　　　東
西南西　　　　東南東
南西　　　　　南東
南南西　南　南南東

● ＿＿＿＿＿ …実際の距離（きょり）を縮めた割合。

●地形図上の長さから実際の距離を求めるには，

「地形図上の長さ×縮尺の分母」を計算する。

例題① 縮尺が 25,000 分の 1 の地形図上で 4cm の長さは，実際は何kmか。

➡ ＿＿＿＿＿（cm）× 25,000 = 100,000（cm）

= ＿＿＿＿＿（m）

= ＿＿＿＿＿（km）

例題② 縮尺が 50,000 分の 1 の地形図上で 6cm の長さは，実際は何kmか。

➡ 6（cm）× ＿＿＿＿＿＿＿ = 300,000（cm）

= ＿＿＿＿＿（m）

= ＿＿＿＿＿（km）

これも覚えよう

等高線（とうこうせん）… 同じ高さの地点を結んだ線。主曲線（しゅきょくせん）・計曲線（けいきょくせん）などがある。

【確認問題】

(1) 文 の地図記号が示すものは何ですか。 〔　　　　　〕

(2) Ħ の地図記号が示すものは何ですか。 〔　　　　　〕

(3) ⊞ の地図記号が示すものは何ですか。 〔　　　　　〕

(4) ⊕ の地図記号が示すものは何ですか。 〔　　　　　〕

(5) ✕ の地図記号が示すものは何ですか。 〔　　　　　〕

初版
第1刷　2023年6月1日　発行

●編　者
　　数研出版編集部
●カバー・表紙デザイン
　　株式会社クラップス

発行者　星野　泰也

ISBN978-4-410-15559-8

とにかく基礎 定期テスト準備ノート 中学地理

発行所　**数研出版株式会社**

本書の一部または全部を許可なく
複写・複製することおよび本書の
解説・解答書を無断で作成するこ
とを禁じます。

〒101-0052　東京都千代田区神田小川町2丁目3番地3
　　　　　　　〔振替〕00140-4-118431
〒604-0861　京都市中京区烏丸通竹屋町上る大倉町205番地
〔電話〕代表（075）231-0161
ホームページ　https://www.chart.co.jp
印刷　創栄図書印刷株式会社
　　　乱丁本・落丁本はお取り替えいたします　230401

1 地球のようすと世界の国々 ················· 4・5ページの解答

陸地と海洋

● 地球の表面は, 陸地と海洋からなる。

陸地➡ユーラシア大陸, アフリカ大陸, 北アメリカ大陸, 南アメリカ大陸,
オーストラリア大陸, 南極大陸 の六大陸と, 島に分けられる。

海洋➡面積の大きい順番で, 太平洋, 大西洋 , インド洋 の三大洋と,
その他に分けられる。

世界の地域区分と国々

● 世界は, アジア州, ヨーロッパ州, アフリカ州, 北アメリカ州,
南アメリカ州, オセアニア州の6つの州に分けられ, 190余りの国がある。

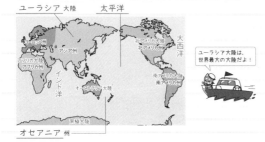

ユーラシア大陸は, 世界最大の大陸だよ!

緯度と経度

● 緯度は赤道を0度として, 地球を南北に 90 度ずつ分けている。
また, 同じ緯度の地点を結んだ線を緯線という。

● 経度 は本初子午線を0度として, 地球を東西に180度ずつ分けている。
また, 同じ経度の地点を結んだ線を 経線 という。

地球儀と世界地図

● 地球儀 …地球をそのまま縮めた模型。距離・面積・形・方位を正しく表せる。
欠点:持ち運びがしづらい。

● 世界地図…一度に世界全体を見渡せる。
欠点:平面なので, 球体である地球を正しく表せない。

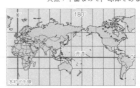

▲緯線と経線が直角に交わる地図

▲中心からの距離と方位が正しい地図

いろいろな世界地図があるんだね!

これも覚えよう
緯線と経線が直角に交わる地図はメルカトル図法で,
中心からの距離と方位が正しい地図は
正距方位図法で表される。

確認問題
(1) 0度の緯線を何といいますか。
〔 赤道 〕

(2) 0度の経線を何といいますか。
〔 本初子午線 〕

(3) 三大洋の1つで, 面積が世界最大の海洋を何といいますか。
〔 太平洋 〕

(4) 日本は何という州に属していますか。
〔 アジア州 〕

(5) オーストラリアは何という州に属していますか。
〔 オセアニア州 〕

---

2 日本の国土と領土問題, 時差 ················· 6・7ページの解答

日本の位置と領域

東経 135 度線
日本の標準時子午線

択捉島 — 北の端
与那国島 — 西の端
南鳥島 — 東の端
沖ノ鳥島 — 南の端

■には領海も含む。

排他的経済水域

…沿岸から200海里までの, 領海をのぞく水域。
水産資源や鉱産資源は沿岸国のもの

排他的経済水域が広いと資源がたくさんとれるね!

memo
沖ノ鳥島はとても小さな無人島。かつて政府が
約300億円をかけて護岸工事をしたことで, 周
囲約40万km²の海域が日本の排他的経済水域
として維持できている。

領土問題

● 北方領土 …北海道北東部。択捉島, 色丹島, 国後島, 歯舞群島は,
ロシア連邦が不法に占拠している。

これも覚えよう
竹島 … 島根県。韓国が不法に占拠している。
尖閣諸島 … 沖縄県。中国・台湾が領土だと主張している。

時差

● 世界の基準となる時刻は, イギリスのロンドン郊外を通る
本初子午線での時刻とされている。

グリニッジ天文台が有名だね!

● 標準時子午線 …各国の時刻の基準となる経線で,
日本は兵庫県明石市を通る東経135度。
本初子午線から東に135度

● 地球は24時間で1回転(360度)している。
360÷24=15より, 経度が 15 度違うと時差が1時間生じる。

● 時差の求め方(例:日本とニューヨーク)
本初子午線から西に75度
日本は東経135度, ニューヨークは西経75度なので,
2地点の経度の差は, 135度+75度= 210 度。
210度÷15=14より, 時差は 14 時間となる。

確認問題
(1) ロシア連邦に占拠されている択捉島, 国後島, 色丹島, 歯舞群島をまとめて何
といいますか。
〔 北方領土 〕

(2) 排他的経済水域は, 領海をのぞく沿岸から何海里までの範囲ですか。
〔 200海里 〕

(3) 日本の標準時子午線は何度ですか。西経・東経を明らかにして答えなさい。
〔 東経135度 〕

(4) 経度が何度違うと, 1時間の時差が生じますか。
〔 15度 〕

(5) 島の消失を防ぐために護岸工事を行った日本最南端の島を何といいますか。
〔 沖ノ鳥島 〕

③　世界の気候と人々の暮らし ……………………………………………… 8・9ページの解答

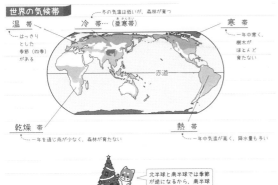

世界の気候帯

- 温帯
  - はっきりとした季節（四季）がある
- 冷帯…（亜寒帯）
  - 冬の気温は低いが、森林が育つ
- 寒帯
  - 一年中寒く、樹木がほとんど育たない
- 乾燥帯
  - 一年を通じ雨が少なく、森林が育たない
- 熱帯
  - 一年中気温が高く、降水量も多い

北半球と南半球では季節が逆になるから、南半球のクリスマスは夏だよ。

世界の宗教

- **キリスト**教…教典は聖書。カトリック、プロテスタント、正教会などに分かれる。信者の数が最も多い。

- **イスラム**教…教典は **コーラン**。一日に5回、聖地 **メッカ** に向かって礼拝する。毎年1か月の間、断食が行われる。豚肉を食べることが禁止されている。西アジアを中心に信者が多い。

- **仏**教…教典は経。東アジアや東南アジアでさかん。
  - 日本にも多くの寺がある

  イスラム教の礼拝所をモスクというよ。

- **ヒンドゥー**教…インドでさかん。カースト制度が根強く残る。牛肉を食べることが禁止されている。

▼世界の宗教分布

memo
・キリスト教
・イスラム教
・仏教
は、世界の三大宗教といわれる。

キリスト教
イスラム教
仏教
ヒンドゥー教
その他の宗教

南半球の雨温図は、気温の折れ線グラフが∨のような形になることが多いよ。

これも覚えよう

雨温図 … 月ごとの気温と降水量のグラフを合わせたもの。気温は折れ線グラフ、降水量は棒グラフで表す。

気温	カイロ	シドニー	降水量
40℃	21.7℃	18.2℃	500mm
		1032.5mm	
34.6mm			

（理科年表 2021年版）

確認問題

(1) 日本が属している、はっきりとした季節（四季）がある気候帯を何といいますか。
〔　温帯　〕

(2) 一年を通じて気温が高く、降水量も多い気候帯を何といいますか。
〔　熱帯　〕

(3) ヨーロッパ・南北アメリカ・オセアニアでさかんな宗教は何ですか。
〔　キリスト教　〕

(4) 北アフリカ・西アジア・中央アジア・東南アジアでさかんな宗教は何ですか。
〔　イスラム教　〕

(5) 東アジア・東南アジアでさかんな宗教は何ですか。
〔　仏教　〕

解説　第1章のまとめ

時差の求め方

①　2区間の経度差を求める。
　　東経どうし、西経どうしならひく。
　　東経と西経ならたす。
②　経度差から時差を求める。
　　経度差 ÷ 15 ＝ 時差
③　時差から時刻を求める。
　　東経180度に近いほど時刻が進んでいる。

東京…東経135度　　　ロンドン…0度

Point!　日付変更線（180度の経線）を越えると日付が変わる。
日付変更線を東から西へ越えるときは日付を1日進め、西から東へ越えるときは1日遅らせる。

例題1　東京が5月5日午前3時のとき、デリー（東経75度）の日時は？

手順①　135 － 75 ＝ 60　⇒経度差は60度
手順②　60 ÷ 15 ＝ 4　　⇒時差は4時間
手順③　午前3時 － 4時間 ＝ 午後11時

　答．5月4日午後11時
　　　　　　　日付が1日戻ることに注意

例題2　東京が5月5日午後10時のとき、ロサンゼルス（西経120度）の日時は？

手順①　135 ＋ 120 ＝ 255
　　　⇒経度差は255度
手順②　255 ÷ 15 ＝ 17
　　　⇒時差は17時間
手順③　午後10時（＝22時）－ 17時間
　　　＝午前5時
　　　　　　24時間制に直すと計算がしやすくなる

　答．5月5日午前5時

1 アジア州① ・・・・・・・・・・・・・・・・・・・・・・・・・・・・・・

アジア州の地形
- ●アジア州…ユーラシア大陸・太平洋・インド洋に約 **50** の国がある。

チベット高原
└世界最大の高原

インダス川

黄河
こうが
└中国最長の川

長江
チャンチャン

メコン川

ヒマラヤ山脈　ガンジス川
└エベレストは世界最高峰

- ●中央部… **ヒマラヤ** 山脈，**チベット** 高原など。

標高が高い中央部から大きな川がいくつも流れ出ている。
★黄河，長江➡東へ　★**インダス** 川➡西へ　★**ガンジス** 川➡南へ

アジア州の気候
└季節によって決まった方向に吹く風

季節風 (モンスーン) の影響を強く受ける。

- ●夏の季節風
…海から大陸に暖かく **湿った** 風が吹く。
➡南アジア・東南アジアは **雨季** となる。

▼夏の季節風

- ●冬の季節風
…大陸から海に冷たく **乾いた** 風が吹く。
➡南アジア・東南アジアは **乾季** となる。

▼冬の季節風

★中央アジアは海からの湿った風が届かない。
➡一年を通して **乾燥** した気候となる。

アジア州の農業
└内陸
- ●西アジア・中央アジア
…降水量が少ない，**乾燥** 帯
小麦などの畑作，羊やヤギなどの **遊牧** を行う。

└移動しながら育てる

- ●中国東北部・インド西部
…降水量はやや少ない。
大豆・小麦・とうもろこしなどの **畑** 作を行う。

- ●東アジア・東南アジア
└一年に2回同じ作物を栽培
…季節風の影響で降水量が **多い**。タイなどでは米の **二期作** を行う。
植民地時代に開かれた大農園（プランテーション）で輸出用作物の栽培。

memo
農地に水をひく
仕組みを
かんがいという。

これも覚えよう
アジアNIES … 新興工業 経済地域
ASEAN … 東南アジア諸国連合
OPEC … 石油輸出国機構

確認問題
(1) 中国内陸部に広がる世界最大の高原を何といいますか。
〔 **チベット高原** 〕
(2) アジア中央部にそびえる世界最高峰の山脈を何といいますか。
〔 **ヒマラヤ山脈** 〕
(3) アジア東部に流れる，中国で一番長い河川を何といいますか。
〔 **長江** 〕
(4) 夏と冬で，吹く方向が反対になる風を何といいますか。
〔 **季節風(モンスーン)** 〕
(5) 草や水を求めて，移動しながら家畜を育てる農業を何といいますか。
〔 **遊牧** 〕

---

2 アジア州② ・・・・・・・・・・・・・・・・・・・・・・・・・・・・・・

アジアの工業

インド…近年，情報通信技術
（ICT）産業が発達し，
経済発展が著しい。

中国… **経済特区** で外国企業を誘致。
都市部で先端技術（ハイテク）産業。
農村から仕事を求め，都市部へ
人口が流出。

シャンハイ

▲経済特区
└経済などの分野で協力

■東南アジア諸国連合
（ **ASEAN** ）

工業化の進む都市と農村で
経済格差が広がっているんだよ

中国の工業
- ●外国の企業に対し，土地の価格を安くしたり税を減らしたりする
経済 特区を設け，誘致を進めてきた。

- ●シャンハイなどの沿岸部の都市では先端技術（ハイテク）
産業などが発展し，内陸部の農村との **経済格差** が
広がっている。

- ●経済発展により，さまざまな環境問題が起こっている。
➡自動車などの排気ガスによる **大気** 汚染や，
工場排水による水質汚濁など。

汚い川は
いやだな…

インドの工業
- ●コンピューター技術などの **情報通信技術** （ICT）産業が発達し，
世界で活躍する人も多い。

東南アジアの工業
- ●1967年に **東南アジア諸国連合** （ASEAN）が結成された。
現加盟国はタイ，インドネシア，フィリピン，マレーシア，シンガポールなど。
東南アジアの10か国が加盟。

- ●シンガポール，マレーシア，タイでは，電気機械工業や自動車工業を中心に，
工業が発展している。

これも覚えよう
アジアNIES … 1970年代以降に急速に工業化が進んだ韓国・
台湾・シンガポール・香港は，アジアNIES
（新興工業経済地域）とよばれる。

確認問題
(1) 中国で外国企業を誘致するために設けられた地域を何といいますか。
〔 **経済特区** 〕
(2) 東南アジアの10か国が加盟する，経済などの分野で協力することを目的とした
地域統合組織を何といいますか。〔 **東南アジア諸国連合（ASEAN）** 〕
(3) コンピューターなどの電子機器や工作機械などを生産する，高度な知識と技術
にもとづく産業を何といいますか。〔 **先端技術（ハイテク）産業** 〕
(4) コンピューターなどの電子機器やソフトウエア，通信サービスなどにかかわる
産業を何といいますか。〔 **情報通信技術（ICT）産業** 〕
(5) (4)の産業が近年さかんになり，経済発展が著しい南アジアの国はどこですか。
〔 **インド** 〕

アジア州の農業のポイント

・稲作には温暖湿潤な気候が適している。

・乾燥していたり，冷涼だったりする気候の
　地域では畑作が行われる。

・寒さや乾燥が厳しかったり，
　土地がやせていたりする地域は
　農耕に不向きで，遊牧が行われる。

アジアの宗教のポイント

・地域や国によって信仰している宗教が
　異なる。

東アジア・東南アジア	仏教
西アジア・中央アジア	イスラム教
インド	ヒンドゥー教
フィリピンなど	キリスト教

アジアの人口のポイント

・世界の中でも人口が多い地域で，
　中国とインドの人口が特に多い（2国あわせ
　て約30億人）。

・中国では人口増加を抑えるために，一人っ子
　政策をとってきたが，急激に少子高齢化が進
　み，2015年に一人っ子政策は廃止された。

中国の工業のポイント

・経済特区とよばれる外国の企業に向けて開放
　した特別地域を臨海部に設けたことで，工業
　化が進んだ。
　一方，内陸部の発展が遅れており，国内で経
　済格差が広がっている。

・世界の各地に工業製品を輸出していることか
　ら，「世界の工場」とよばれる。

第2章　世界の諸地域

3 ヨーロッパ州① ･･････････････････････ 14・15ページの解答

ヨーロッパ州の自然と産業

●ヨーロッパ州の大西洋側は，偏西風と暖流の　**北大西洋**　海流の影響で，
高緯度のわりに温暖な気候。

●地中海の沿岸は，夏は晴れが続いて，高温で乾燥している。

●北ヨーロッパやロシアは，寒さが厳しい　**冷　帯（亜寒帯）**　の気候。

●ライン川は，複数の国を流れ，外国の船でも自由に行き来できるよう
条約が結ばれた　**国際河川**　。流れがゆるやかで水運に適している。

●ドイツは，ヨーロッパ最大の工業国。ライン川の水運などを利用して
重工業を発達させてきた。

これも覚えよう
フィヨルド … 氷河の侵食によってできた
奥行きのある湾。
北部の沿岸部に見られる。

ヨーロッパ州の農業

●酪農…北海沿岸の地域でさかん。乳牛を飼育し，　**乳製品**　を出荷する。
　　　　　　　　　　　　　　　　　　　　　　　チーズやバターなど

●　**混合　農業**…アルプス山脈より北の地域でさかん。
　小麦やじゃがいも，家畜のえさとなる作物の栽培と，
　豚や牛などの家畜の飼育を組みあわせた農業。

●　**地中海式　農業**…地中海沿岸でさかん。
　乾燥する夏にオリーブやオレンジ，雨の多い冬に小麦を栽培。
　　　　　　　　　　　　　　乾燥に強い作物

確認問題

(1) ドイツとフランスの国境を流れる国際河川を何といいますか。
〔　**ライン川**　〕

(2) (1)の河川によって工業が発達し，ヨーロッパ最大の工業国となった国はどこで
すか。
〔　**ドイツ**　〕

(3) 乳牛を飼育し，チーズやバターなどの乳製品を出荷する農業を何といいますか。
〔　**酪農**　〕

(4) 家畜の飼育と，小麦などの畑作を組みあわせた農業を何といいますか。
〔　**混合農業**　〕

(5) 乾燥する夏にオリーブやオレンジ，雨の降る冬に小麦を栽培する農業を何とい
いますか。
〔　**地中海式農業**　〕

EU（ヨーロッパ連合）の成立と発展

● EU（ヨーロッパ連合）は 1993 年に発足した地域統合組織で，
アメリカ合衆国などの大国と肩を並べるため，
政治や経済などで共通の政策を実施している。

● 加盟国間では人やモノの移動が自由で，貿易品には　関税　がかからない。
←── 輸入品にかかる税

● 多くの国で共通通貨の　ユーロ　が使用されている。
➡ 国境を越えた買い物・旅行が活発化。

● 2020 年には　イギリス　が EU から離脱。

▼ EU 加盟国の推移

EU 加盟年
■ EU発足時
■ 1995年加盟
□ 2004年加盟
■ 2007年加盟
■ 2013年加盟

▲ユーロの硬貨

デンマークなどは
ユーロを導入して
いないんだよ。

※イギリスは2020年にEUを離脱。

EU の取り組み

● 航空機産業…フランスと　ドイツ　の航空機メーカーが
共同出資する企業を設立。
他の EU 諸国の企業も参加し，
各国の専門技術を活かして，
国際的に分業。

今では，世界の
航空機市場で，
アメリカ合衆国
に並ぶほどに成
長しているよ。

EU の課題

● EU への加盟が遅かった東ヨーロッパ諸国は工業化が遅れ，比較的所得が低い。
➡ EU 内でより多くの収入を求め，東ヨーロッパ諸国から西ヨーロッパ諸国へ
労働者が移動。
➡ 西ヨーロッパと東ヨーロッパでの　経済格差　が課題。

これも覚えよう
酸性雨 … 工場や自動車から排出される物質が原因となって降る，
酸性の雨。ヨーロッパでは国境を越えた広い範囲で，
森林が枯れるなどの被害。

確認問題

(1) 2022 年時点でヨーロッパ州の 27 か国が加盟している地域統合組織を何とい
いますか。　　　　　〔ヨーロッパ連合（EU）〕

(2) (1)の多くの国で使用されている共通通貨を何といいますか。
〔　　ユーロ　　〕

(3) (1)の加盟国間では，貿易品に〔　　〕がかかりません。
〔　　〕にあてはまる語句は何ですか。　　　　〔　　関税　　〕

(4) 2020 年に(1)から離脱した国はどこですか。
〔　　イギリス　　〕

解説　ヨーロッパ州のまとめ

ヨーロッパの産業のポイント

・ヨーロッパ最大の農業国はフランスで，小麦
の生産がさかんなことから「EU の穀倉」と
よばれている。

・地中海沿岸では，夏の乾燥を活かしてオレン
ジやオリーブなどがさかんに生産されてい
る。

□ 混合農業
■ 酪農・放牧
■ 地中海式農業

イギリス
ドイツ
フランス
イタリア　地中海

・ヨーロッパ最大の工業国はドイツで，ライン
川の水運を利用して鉄鉱石や石炭などを運
び，自動車工業，医薬品，航空機などをさか
んに生産している。

EU のポイント

・EU（ヨーロッパ連合）は，2022 年時点で
27 か国が加盟している。

・スイスは中立的な立場をとっている国で，
EU には加盟したことがない。

・イギリスは 2020 年に離脱。

・EU 加盟国内では共通通貨のユーロが導入さ
れているが，デンマークやスウェーデンなど
のように，導入していない国もある。

アフリカ州の自然

赤道付近から南北それぞれに熱帯➡ **乾燥帯** ➡温帯と分布。

ナイル川 …世界最長の川。
　かつてエジプト文明がさかえた

サハラ砂漠 …世界最大の砂漠。

サヘル …サハラ砂漠の南側。
　　　　砂漠化が進む地域。

エジプト

赤道

乾燥帯
熱帯
温帯

南アフリカ
共和国

memo
サヘルの砂漠化は、
人口増加による伐採
や過放牧が原因。

●赤道付近は **熱帯** で、一年中雨が多く、**熱帯雨林** が広がる。
　➡熱帯雨林の北側と南側には、**サバナ** とよばれる草原が広がる。
　　　　　　　　　　　　　　　　　木がまばらに生えた草原

▲熱帯雨林の様子　　　▲サバナの様子

●赤道からやや離れた、熱帯の北側や南側の付近は
　乾燥帯となっている。
　➡一年中雨が少ない。乾燥の著しい地域は植物が育たず、
　　砂漠 が広がる。草原になるところもある。

●大陸の北端や南端は **温帯** で、小麦やぶどうが栽培される地域もある。

アフリカ州の人々

●多くの黒人が **奴隷** として南北アメリカに連行された。

●経線や緯線を利用した国境線…直線のところが多い。
　←植民地時代の支配国が、民族や宗教の分布を無視して国境線を引いたため、
　　独立後も紛争の原因となっている。

これも覚えよう
公用語 … 国が公的に使用を認めている言語。
植民地支配を受けていたアフリカ州の国々の中には、
民族独自の言語だけでなく、英語やフランス語などが
公用語になっている国も多い。

●**アパルトヘイト**（人種隔離政策）
　…南アフリカ共和国で行われていた、白人が有色人種を支配し差別する政策。
　➡ 1990 年代に廃止されたが、現在も白人と黒人の経済格差が残っている。

確認問題

(1) アフリカ州の北部に広がる、世界最大の砂漠を何といいますか。
〔 **サハラ砂漠** 〕

(2) エジプトから地中海へ注ぐ、世界最長の河川を何といいますか。
〔 **ナイル川** 〕

(3) かつて奴隷として南北アメリカに連行されたのはどのような人々ですか。
〔 **黒人** 〕

(4) アフリカ州の国々の国境線に直線が多いのは、何を利用して引かれたためですか。
〔 **経線や緯線** 〕

(5) かつて南アフリカ共和国で行われていた、白人以外を差別する政策を何といいますか。
〔**アパルトヘイト（人種隔離政策）**〕

アフリカ州の農業

●伝統的な **焼畑** 農業…草原を焼いて畑にし、灰を肥料として農作物を栽培する。

● **遊牧** …乾燥帯の地域では、草と水を求めて移動しながら、
　　　　　　ラクダや羊、ヤギなどを飼育している。

● **プランテーション** …植民地時代に開かれた大農園。輸出向けの作物を栽培。
　★ケニア周辺➡ **茶**
　★ギニア湾沿岸➡ **カカオ**

カカオはチョコレート
の原料だよ。

ギニア湾

ケニア

農業
・カカオ
・茶

鉱産資源
・クロム
・マンガン

アフリカ州の鉱業

●鉱産資源が豊富…ダイヤモンド（ボツワナやコンゴ民主共和国）、
　　　　　　　　　金（南アフリカ共和国）、
　　　　　　　　　銅（ザンビア）など。

レアメタルは、携帯電話
など色々な電子機器に
使われているよ。

●クロム、マンガンなどの **レアメタル**（希少金属）を多く産出。
　　　　　　　　　　　地球上にある量が少なかったり、
　　　　　　　　　　　取り出しにくかったりする金属

アフリカ州の経済

●南アフリカ共和国をのぞく多くの国が、輸出の多くを特定の農作物や鉱産資源に
　たよる **モノカルチャー** 経済で、収入が不安定になりやすい。

▼コートジボワールの輸出額割合

カカオ 28.1%	8.5	8.5	8.1	7.1	その他 39.7

金（非貨幣用）　石油製品　天然ゴム　野菜と果実

▼タンザニアの輸出額割合

金（非貨幣用） 36.8%	13.0	その他 37.9

カシューナッツ　葉たばこ 4.7　コーヒー豆 3.0　魚介類 4.6
（2020年）（2022年版「データブック・オブ・ザ・ワールド」）

●アフリカ諸国の諸問題に共通して取り組むため、**アフリカ連合**（AU）を
　2002 年に結成。発展に向けた努力をしている。

これも覚えよう
NGO（非政府組織）… 利益を目的にせず、世界各地で資金や技術の援助
などの活動に取り組んでいる政府以外の組織。
アフリカ諸国の課題解決にも取り組んでいる。

確認問題

(1) アフリカ州の国々が、諸問題に協力して取り組むために結成した地域統合組織
を何といいますか。 〔 **アフリカ連合（AU）** 〕

(2) 植民地時代に支配国の資本で開かれ、現地の人々が単一の農作物を大規模に栽
培している農園を何といいますか。 〔 **プランテーション** 〕

(3) 地球上に存在する量が極めて少なかったり、取り出すのが難しかったりする、
希少価値が高い金属を何といいますか。 〔**レアメタル（希少金属）**〕

(4) 特定の農作物や鉱産資源の輸出にたよる経済を何といいますか。
〔 **モノカルチャー経済** 〕

(5) コートジボワールなど、ギニア湾沿岸で栽培がさかんな農作物は何ですか。
〔 **カカオ** 〕

7 北アメリカ州① ·········· 22・23 ページの解答

北アメリカ州の自然

- 五大湖
  - アメリカ合衆国とカナダにまたがる
- ミシシッピ川
- アパラチア 山脈
  - なだらかな山脈
- カリブ海
- ロッキー 山脈
  - 環太平洋造山帯に属する険しい山脈

- ●西部のロッキー山脈と東部のアパラチア山脈にはさまれた中央平原に，ミシシッピ川 が流れている。
  - 流域面積が世界第3位
- ●中央部は温暖，北部は冷涼な気候。西部には乾燥帯も見られる。
- ●南部は湿潤で，ハリケーン で大きな被害を受けることもある。
  - カリブ海で発生する熱帯低気圧

アメリカ合衆国の都市

- ワシントン D.C. …アメリカ合衆国の首都。
- ●ニューヨーク …世界の金融の中心地。

人口が一番多いのはニューヨークだけど，首都はワシントンD.C.だよ。

北アメリカ州の人々

- ●ヨーロッパからの移民が多く，キリスト 教を信仰する人が多い。
  - 17世紀以降にやって来た
- ●カナダ北部の先住民族を イヌイット という。
- ●アメリカ合衆国の南部ではかつて，綿花栽培のための奴隷としてアフリカから多くの黒人が連行された。
- ●近年はメキシコや中央アメリカからアメリカ合衆国に移り住む ヒスパニック が増加。

ヒスパニックとは，「スペイン語を話す人々」という意味だよ。

▼アメリカ合衆国の人種構成

| 白人 76.3% | 黒人 13.4 | その他 3.0 |

アジア系6.0 先住民1.3
(2019年) (2021年版『データブック・オブ・ザ・ワールド』)

これも覚えよう
メキシコ湾 … アメリカ合衆国とメキシコに囲まれた湾。
カリブ海 … メキシコ湾の南側。南アメリカ大陸との間にある海。

確認問題
(1) 北アメリカ州西部に連なり，環太平洋造山帯に含まれる山脈を何といいますか。〔 ロッキー山脈 〕
(2) アメリカ合衆国東部に連なる，なだらかな山脈を何といいますか。〔 アパラチア山脈 〕
(3) 北アメリカ州の多くの人々が信仰している宗教は何ですか。〔 キリスト教 〕
(4) 近年アメリカ合衆国で増加している，スペイン語を母語とするメキシコや中央アメリカからの移民を何といいますか。〔 ヒスパニック 〕
(5) アメリカ合衆国の中央部を南に向かって流れる，流域面積が世界第3位の川を何といいますか。〔 ミシシッピ川 〕

8 北アメリカ州② ·········· 24・25 ページの解答

アメリカ合衆国の農業
広い土地を大型機械で耕作する企業的な農業。
地域の気候や土壌にあわせた 適地適作。

- ●西経100度を境に農業の特徴が異なる。
  - ➡東側は降水量が多い。
    - …小麦・大豆・とうもろこし・綿花。
  - ➡西側は降水量が少ない。
    - …肉牛の 放牧。
- ●世界有数の農産物の輸出国
  - … 穀物メジャー が国際市場で穀物の売買を行う。
    - 穀物の買い付けから運搬，販売までをおこなう巨大な企業
  - ➡バイオテクノロジーを利用した新品種開発も進んでいる。

▼アメリカ合衆国とカナダのおもな農業地域

小麦
放牧
とうもろこし 大豆
綿花
西経100

これも覚えよう
多くの農産物を世界中へ輸出することから，アメリカ合衆国は「世界の食料庫」とよばれている。

- ●南部の綿花地帯
  - …19世紀には プランテーション で黒人奴隷を使って作業。
    - ➡現在は機械を使用して作業。

アメリカ合衆国の工業
- ●古くからの工業地域… 五大湖 周辺など。
  - ➡ピッツバーグで鉄鋼業が，デトロイトで自動車工業が発達。
  - ➡近年は生産額が低下。

先端技術（ハイテク）産業の中に，情報技術（IT）産業や情報通信技術（ICT）産業が含まれるよ。

- 五大湖周辺 … 鉄鋼業 や自動車工業がさかん。
  - 水運を利用して発展
  - 北緯37度以南に帯状に広がる温暖な地域
- サンベルト …先端技術（ハイテク）産業がさかん。
- シリコンバレー …情報通信技術（ICT）産業がさかん。
  - サンフランシスコ近郊に広がる

- ●1970年代以降，工業の中心は五大湖周辺から サンベルト へ。
  - ➡シリコンバレー… 情報通信技術 （ICT）産業。
  - ロサンゼルス…航空機産業。

- ●アメリカ合衆国には，外国にも工場や販売拠点がある 多国籍企業 が多い。

▲石油がとれる地域

これも覚えよう
メキシコ湾岸油田 … アメリカ合衆国南部のメキシコ湾周辺にある油田。

確認問題
(1) アメリカ合衆国に多い，ほかの国にも工場や販売拠点を持っている企業を何といいますか。〔 多国籍企業 〕
(2) 北緯37度以南に広がる，1970年代以降に工業がさかんとなっている地域を何といいますか。〔 サンベルト 〕
(3) サンフランシスコ近郊に広がる，ハイテク産業の企業や研究施設が集中している地域を何といいますか。〔 シリコンバレー 〕
(4) アメリカ合衆国で，地域の気候や土壌にあわせて行われる農業を何といいますか。〔 適地適作 〕

アメリカ合衆国の社会のポイント

・さまざまな人種の人々が住んでおり，アメリカ合衆国は「人種のサラダボウル」とよばれている。

・植民地時代からの移民は白人。

・黒人の中には，綿花栽培（さいばい）のための奴隷（どれい）として，アフリカから連れてこられた人々の子孫もいる。

・中央・南アメリカから移り住んだ，スペイン語を母語とする人々のことをヒスパニックという。

　★中央・南アメリカの国々は経済的に貧しい地域が多く，高い賃金を求めてアメリカ合衆国へと移住。メキシコ，プエルトリコ，キューバなどからの移民が多い。

アメリカ合衆国の農業のポイント

・アメリカ合衆国では，企業的（きぎょう）な農業が行われている。

　➡適地適作で気候にあわせた作物を，広い農地で大型機械を用いて大規模に栽培（さいばい）している。

・農作物の生産と輸出がさかんなことから，アメリカ合衆国は「世界の食料庫」ともよばれる。

カナダの民族のポイント

・先住民はイヌイット。

・イギリス系やフランス系の住民が多く，英語とフランス語を公用語としている。

第2章　世界の諸地域

9 南アメリカ州① ･･････････････････････････ 26・27 ページの解答

南アメリカ州の自然

●アマゾン川の河口付近を赤道が通っている。

アマゾン　川
…流域面積世界一
…流域に熱帯林が広がる。

赤道

セルバ
…アマゾン川流域の熱帯林。

アンデス　山脈
…西部を南北にはしる
…標高の高いところは高山気候。

パンパ
…アルゼンチンの中部に広がる平原。

●北部は熱帯で，南部に行くにつれて雨が少なくなり，気温が下がる。

●熱帯地域でも，ボリビアやペルーなどの高地は，同緯度の他の地域よりも気温が低い。

ボリビアの首都ラパスは，標高3500m以上の場所にあるんだって。

南アメリカ州の人々

●ヨーロッパの植民地であった歴史から，ブラジルでは ポルトガル 語が，その他の多くの国では スペイン 語が公用語になっている。

●キリスト教（カトリック）を信仰（しんこう）している人が多い。

■スペイン語
■ポルトガル語
■オランダ語
■フランス語
■英語

▲南アメリカの主な公用語

●ブラジルには日本からの移民の子孫である 日系人 が約200万人住んでいる。

●かつて，インカ帝国を築いた先住民を インディオ という。
　アンデス山中に遺跡が残る

インカ帝国は高度な文明をもっていたけど，スペイン人にほろぼされたよ。

それでインカ？！

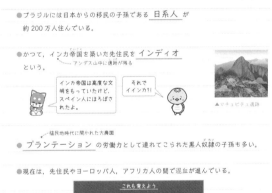

▲マチュピチュ遺跡

●植民地時代に開かれた大農園
　プランテーション の労働力として連れてこられた黒人奴隷（どれい）の子孫も多い。

●現在は，先住民やヨーロッパ人，アフリカ人の間で混血が進んでいる。

これも覚えよう
メスチーソ … インディオと白人の混血。

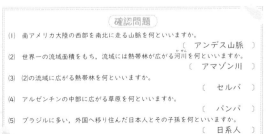

〔 確認問題 〕

(1) 南アメリカ大陸の西部を南北に走る山脈を何といいますか。
〔 アンデス山脈 〕

(2) 世界一の流域面積をもち，流域には熱帯林が広がる河川を何といいますか。
〔 アマゾン川 〕

(3) (2)の流域に広がる熱帯林を何といいますか。
〔 セルバ 〕

(4) アルゼンチンの中部に広がる草原を何といいますか。
〔 パンパ 〕

(5) ブラジルに多い，外国へ移り住んだ日本人とその子孫を何といいますか。
〔 日系人 〕

10 南アメリカ州② ···················· 28・29 ページの解答

南アメリカ州の農業

● とうもろこしや、いもの栽培がさかん。

● 北部の セルバ で伝統的な焼畑農業。

　➡ 近年は、牧場や畑を作るために、
　　熱帯林を伐採して大規模な開発が
　　行われている。

　　★ 畑では、大豆やさとうきびの栽培が
　　行われている。

● パンパ では牛の牧畜がさかん。
　　ラプラタ川の流域に広がっている草原

● ブラジル高原を中心に、プランテーションでコーヒーを
　栽培し、コーヒー豆 の生産が多い。
　　　　　　　　アルコール燃料(エタノール)やガス

● 植物が原料である バイオ燃料(バイオエタノール) の生産のため、
　畑が拡大されている。

　　★ さとうきびやとうもろこしなどの植物が原料とされている。

　➡ 燃やすと二酸化炭素が発生するが、原料の植物が生長するときに
　　二酸化炭素を吸収しているため、地球全体として二酸化炭素が増加
　　していないと考えられている。

▲コーヒー豆と
コーヒーの木の実

バイオ燃料の使用で、
地球温暖化対策になると
考えられているよ。

だけど、さとうきびなどの
栽培のために、
森林が破壊されているのは
問題だよね。

南アメリカ州の鉱工業

● ブラジル…世界有数の 鉄鉱石 の産出国。

　★ 日本の鉄鉱石の輸入先第2位（2020年）。

▼鉄鉱石の生産量における国別割合

オーストラリア 36.5%	中国 17.9	ブラジル ロシア 4.1 14.9 8.3	その他 18.3

（2017年）　　　　インド　　（『世界国勢図会』2020/21年版）

　➡ 工業化が進み、自動車や航空機などを生産。

● ベネズエラ…石油の埋蔵量が多く、石油輸出国機構（ OPEC ）に加盟。

● チリやペルー…銅を産出。

南アメリカ州では、
レアメタルも産出
されるんだ。

memo
日本の鉄鉱石の
輸入先第1位は
オーストラリア。

これも覚えよう
再生可能エネルギー… 繰り返し使用できるエネルギー。
太陽・風力・水力・バイオマス
などが注目されている。

確認問題

(1) 植民地時代に南アメリカ州でつくられ、カカオやコーヒーなどが栽培される大
　農園を何といいますか。　　　　　　　　　〔 プランテーション 〕

(2) 植物を原料にしてつくられる、二酸化炭素の排出量を抑える燃料を何といい
　ますか。　　　　　　　　　　　〔 バイオ燃料(バイオエタノール) 〕

(3) 森林を焼いて畑をつくり、灰を肥料にして耕作を行う農業を何といいますか。
　　　　　　　　　　　　　　　　　　　　　　〔 焼畑農業 〕

(4) ブラジルが、日本の国別輸入割合第2位（2020年）となっている鉱産資源は
　何ですか。　　　　　　　　　　　　　　　　〔 鉄鉱石 〕

11 オセアニア州 ···················· 30・31 ページの解答

オセアニア州の自然

● オセアニア州は、オーストラリア 大陸と太平洋に位置する島々からなる。

● オセアニア州の島々は、火山島とさんご礁の島が多い。

オーストラリアの自然と農業・畜産業

中央部…乾燥した気候で、非農業地帯。

大鑽井盆地…掘り抜き井戸で水を確保しての 牧羊 がさかん。

西部
…牧羊がさかん。

北東部
…比較的降水量が多い。
牧牛 がさかん。

南東部
…比較的降水量が多い。
小麦の栽培、酪農、
牧羊がさかん。

	畑作	おもに小麦などの穀物
	牧羊	地中海式農業
	牧牛	その他(非農業地域もふくむ)

memo
南東部や南西部の降水
量が多い地域に、人口
が集中している。

オーストラリアの鉱産資源

オーストラリアは、質のよい鉱産資源が豊富で、
日本をはじめ、世界各国に輸出している。

● 鉄鉱石 …主に北西部で産出。

● 石炭 …主に北東部・南東部で産出。

▼オーストラリアの鉱産資源

| 鉄鉱石 ・石炭 |

● ボーキサイト…主に北部・南西部で産出。
　　　　アルミニウムの原料

　★ 原油、天然ガス、金なども豊富。

鉱産資源は、日本・
中国・韓国などに
輸出しているよ。

オーストラリアの移民の歴史と多文化社会

● アボリジニ …オーストラリアの先住民族。
　　➡ 欧米諸国の移民による迫害を受け、人口が激減した。

● かつては、白人以外の移民を制限していた（ 白豪主義 ）。
　　➡ イギリスを中心としてヨーロッパとの結びつきが強かった。
　　➡ 白豪主義は1970年代に撤廃され、近年はアジアとの結びつきが強まっている。

● さまざまな人々が共存し、それぞれの文化を尊重しあう 多文化社会 を
　めざしている。

これも覚えよう
マオリ … ニュージーランドの先住民。

▲マオリ

確認問題

(1) オセアニア州の島々は、火山島以外に、何でできた島が多く見られますか。
　　　　　　　　　　　　　　　　　　　　〔 さんご礁 〕

(2) オーストラリアの北西部で多く産出される鉱産資源は何ですか。
　　　　　　　　　　　　　　　　　　　　〔 鉄鉱石 〕

(3) オーストラリアの東部で多く産出される鉱産資源は何ですか。
　　　　　　　　　　　　　　　　　　　　〔 石炭 〕

(4) オーストラリアの中部にある、掘り抜き井戸の見られる盆地を何といいますか。
　　　　　　　　　　　　　　　　　　　　〔 大鑽井盆地 〕

(5) オーストラリアの先住民族を何といいますか。
　　　　　　　　　　　　　　　　　　　　〔 アボリジニ 〕

1 世界と日本の地形 ·················· 32・33 ページの解答

世界の地形
- 火山活動が活発な地域を造山帯（変動帯）という。
  - ・アルプス・ヒマラヤ造山帯…アルプス山脈からヒマラヤ山脈を通り，インドネシアにいたる。
  - ・環太平洋造山帯…日本列島，アンデス山脈，ロッキー山脈など，太平洋をとりまく。

<u>アルプス・ヒマラヤ</u> 造山帯　　　<u>環太平洋</u> 造山帯

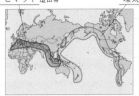

- 火山活動が少ない地域では，大河や氷河，風によって，広大な平野がつくられる。
  - ➡ユーラシア大陸の多くの地域，オーストラリア大陸など。

日本の周辺の海流
- 太平洋側では，
  北から寒流の <u>親潮</u>（千島海流）が，
  南から暖流の <u>黒潮</u>（日本海流）が流れている。

- 日本海側では，
  北から寒流の <u>リマン</u> 海流が，
  南から暖流の <u>対馬</u> 海流が流れている。

- 海流がぶつかる <u>潮境</u>（潮目）は
  プランクトンが多く，好漁場になっている。

高知県で有名なカツオは黒潮にのってやってくるよ！

日本の地形
- 国土が細長く，約 <u>4</u> 分の <u>3</u> が
  山地のため，日本の川は世界の多くの川に比べて短く，流れが急。

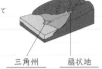

- 川が山から平地に流れ出たところに扇状地，
  河口付近に三角州が形成される。

<u>三角州</u>　　<u>扇状地</u>

- 環太平洋造山帯に属しており，世界的にみても火山が多く，
  噴火や地震などの自然災害が多い。

  ★一方，火山は，日本の美しい景観を生み出している。

> **これも覚えよう**
> 日本列島の周囲や東シナ海には，大陸棚とよばれる深さ約 200 m までの浅くて平らな海底が広がる。

確認問題
(1) 世界の主な造山帯のうち，太平洋を囲むように連なる造山帯を何といいますか。〔 環太平洋造山帯 〕
(2) 世界の主な造山帯のうち，ユーラシア大陸南部を東西に連なる造山帯を何といいますか。〔 アルプス・ヒマラヤ造山帯 〕
(3) 日本の太平洋側を南下してくる海流を何といいますか。〔親潮（千島海流）〕
(4) 日本の太平洋側を北上してくる海流を何といいますか。〔黒潮（日本海流）〕
(5) 川が山地から平地に流れ出るところに，石や土砂が積もってできた扇状の地形を何といいますか。〔 扇状地 〕
(6) 川が海へ流れ出るところに，石や土砂が積もってできた地形を何といいますか。〔 三角州 〕

---

2 日本の気候と災害 ·················· 34・35 ページの解答

日本の気候区分
- 季節風（モンスーン）の影響で，気候区分ごとに異なる特徴をもつ。

北海道
…夏は涼しく，冬の寒さが厳しい

日本海側
… <u>冬</u> の降水量
が多い
雪が積もる地域もある

中央高地（内陸）
…夏と冬，昼と夜の気温差が大きい

瀬戸内
…年降水量が
<u>少ない</u>

太平洋側
… <u>夏</u> の降水量が多い

南西諸島
…年降水量が多く，冬も温暖

冬の季節風（モンスーン）
夏の季節風（モンスーン）

気温
40℃
30
20
10
0
-10
13.6℃
2755.3mm
降水量
500mm
400
300
200
100
0
1月　7　12
（『理科年表』2020/21年版）
▲新潟県高田市の雨温図

日本海側は，冬に雪がたくさん降るから，冬の降水量が多いね。

日本の自然災害
- 地震
  日本は環太平洋造山帯に属しているため，地震が多い。
  ➡ゆれによる建物の崩壊，山崩れや <u>液状化</u> 。
  ↳地震の際に地盤が液体状になる現象
  ➡震源が海底の場合，<u>津波</u> が発生する場合もある。

- ★2011 年の東北地方太平洋沖地震（ <u>東日本大震災</u> ）では，
  沿岸部の津波など広範囲にさまざまな被害が出た。

- 火山の噴火…日本には活動の活発な火山が多い。
  ➡噴火によって火山灰や溶岩が噴出される。
  ➡噴出した火山灰などと高温ガスが混じって流れる
    <u>火砕流</u> が発生することもある。

- 気象災害
  ➡毎年 <u>梅雨</u> や台風による大雨に伴う
    洪水や土砂崩れの発生。
  ➡長雨などによって，石や土砂が水と混じって流れる
    <u>土石流</u> が発生することもある。
  ➡水不足による干ばつや，夏の低温で農作物の生育が悪くなる <u>冷害</u> も発生。

> **これも覚えよう**
> やませ…東北地方の太平洋側で，夏に吹く冷たい北東風。寒流の上を吹く風が冷やされて発生し，農作物が育ちにくくなる冷害をもたらす。

確認問題
(1) 本州と四国にはさまれた海の沿岸部に広がっている，一年を通して降水量が少ない日本の気候区分を何といいますか。〔 瀬戸内の気候 〕
(2) 本州の日本海側を中心に広がっている，冬の降雪量が多い日本の気候区分を何といいますか。〔 日本海側の気候 〕
(3) 夏から秋にかけて発生して日本列島に接近する，発達した熱帯低気圧を何といいますか。〔 台風 〕
(4) 北海道以外の日本各地でおこる，6～7月ごろに雨が降り続く時期を何といいますか。〔 梅雨 〕

3 世界と日本の人口 ···················· 36・37 ページの解答

世界の人口

● 世界の人口は約 80 億人（2021 年）。

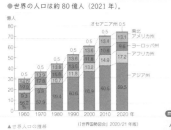

▲ 世界人口の推移　（『世界国勢図会』2020/21 年版）

世界の人口の6割がアジア州に集中しているよ。

● アジアやアフリカの発展途上国では，人口が急増する **人口爆発** で生活環境が悪化している地域がある。

memo
人口爆発の原因
①農業や鉱工業などで労働力を必要とするため，出生率が高い。
②先進国や NGO の支援によって医療が発達し，死亡率が低下。

● ヨーロッパや日本などの先進国では **少子高齢化** が進む。
　　　　└子どもの数が減り，高齢者が増えた

日本の人口

● 日本の人口は約 1 億 2550 万人（2021 年時点）。

1930年 富士山型　1970年 つりがね型　2020年 つぼ型

人口ピラミッドは，縦軸に年齢，横軸に各年齢層の男女の割合をとっているよ。

（『日本国勢図会』2022/23 年版ほか）

▲ 日本の人口ピラミッドの移り変わり

● 少子高齢化が著しく，明治時代以降，人口が増え続けていたが，2010 年ころから人口が減少している。

● **過疎** …農村や山間部，離島から都市部に人口が流出し，人口が著しく減少。
　➡人手不足により，地域生活が成り立たなくなっている。
　　★都市部からの移住を希望している人への支援など，地域を活性化させようとする取り組みが進められている。

● **過密** …東京・大阪・名古屋を中心とする三大都市圏に人口が集中している。
　➡交通渋滞，住宅不足，大気汚染，ごみ処理問題などが発生。

これも覚えよう

ドーナツ化現象 … 地価の上昇などによって，都心部の人口が減り，郊外の人口が増える現象。
都心回帰 … 都心の再開発，地価の下落などにより，都心周辺で人口が増加する現象。

確認問題

(1) 世界の6つの州のうち，最も人口が多いのは何州ですか。
　〔　アジア州　〕

(2) 人口が急激に増える現象を何といいますか。
　〔　人口爆発　〕

(3) 子どもの割合が減り，65 歳以上の高齢者の割合が増えることを何といいますか。
　〔　少子高齢化　〕

(4) 富士山型やつぼ型など，男女別に年齢ごとの人口をグラフに表したものを何といいますか。
　〔　人口ピラミッド　〕

(5) 東京・大阪・名古屋を中心とする都市圏をまとめて何といいますか。
　〔　三大都市圏　〕

4 世界の資源と産業 ···················· 38・39 ページの解答

世界の鉱産資源の分布

工業の原料やエネルギー資源として利用される鉱物を鉱産資源という。

▲ 世界の鉱産資源の分布

石油
石炭
鉄鉱石

ペルシャ湾

ペルシャ湾の位置を確認しておこう。

● 石油…西アジアの **ペルシャ湾** 沿岸などでの産出が多い。
　　　　└周辺に，サウジアラビア・イラクなどの産油国

● **石炭** …中国やロシア，オーストラリアなどでの産出が多い。

● **鉄鉱石** …中国やオーストラリア，ブラジルなどでの産出が多い。

★日本は資源のほとんどを輸入に頼っている。

日本のエネルギー・電力

● **水力** 発電…山地に建設されたダムの水を使用して発電。

● **火力** 発電…石油や石炭，天然ガスを燃料にして発電。
　★ **温室効果ガス** である二酸化炭素の排出が問題になっている。

● **原子力** 発電…ウランを燃料にして発電。
　★放射性廃棄物が問題になっている。

● 新しいエネルギーの利用の拡大が期待される。
　➡風力や太陽光，地熱などの **再生可能** エネルギー。

産業分類

● **第一次** 産業…農林水産業など。

● **第二次** 産業…鉱工業，製造業，建設業など。

● 第三次産業…商業，サービス業，医療・福祉など。
　★日本は， **第三次** 産業の割合が高い。

memo
先進国は第三次産業の割合が高い。

これも覚えよう

SDGs … 持続可能な開発目標。
2015 年の国連サミットで採択された。
貧困をなくすこと，地球の天然資源と気候を守ることなどさまざまな目標が掲げられている。

確認問題

(1) 油田が多く見られる，西アジアにある湾を何といいますか。
　〔　ペルシャ湾　〕

(2) 火力発電に使われるエネルギー資源で，中国やインド，オーストラリア東部で産出が多い鉱産資源は何ですか。
　〔　石炭　〕

(3) ウランなどを燃料にした発電を何といいますか。
　〔　原子力発電　〕

(4) 風力や太陽光，水力などのように，繰り返して使うことができ，資源としてなくならないエネルギーを何といいますか。
　〔　再生可能エネルギー　〕

(5) 産業を3つに分類したとき，自動車工業や製鉄業は第何次産業に含まれますか。
　〔　第二次産業　〕

5 日本の農林水産業 ·········· 40・41 ページの解答

日本の農業

●米…新潟県，北海道，東北地方の生産量が多い。

▼都道府県別の米生産量割合

新潟 県 ┬秋田県6.8
山形県5.2┘└宮城県 4.9　その他 67.2
(2019年)　(「日本国勢図会」2020/21 年版)

●野菜

➡千葉県や茨城県など大都市周辺
　…新鮮なまま収穫・出荷ができる
　近郊農業 が行われている。

➡宮崎平野や高知平野
　…温暖な気候を生かして，ビニールハウス
　などを使い，他の産地よりも早く栽培・出荷
　を行う 促成栽培 がさかん。

➡長野県や群馬県などの高地
　…高原の涼しい気候を利用して，他の地域よりも農作物
　の出荷時期を遅らせる 抑制栽培 を行っている。

高原野菜として，レタスやキャベツが有名だね。

これも覚えよう
施設園芸農業 … 温室やビニールハウスなどの施設を使って農作物を栽培する農業。

●果物

➡りんごは東日本，みかんは西日本中心に栽培がさかん。

➡長野県や山梨県の扇状地で ぶどう やももの果樹栽培がさかん。

●畜産

➡北海道… 酪農 や肉牛の飼育がさかん。

➡鹿児島県や宮崎県…肉牛や豚の飼育がさかん。

▲米・野菜・果物・畜産のさかんな地域の分布

memo
宮崎平野や高知平野では，ピーマン・きゅうり・なすなどの栽培がさかん。

日本の林業・漁業

すぎ　ひのき

●林業…日本の森林の約4割は人工林。
★利用価値の高い，すぎやひのきが植林されている。

●漁業… 排他的経済水域 の設定や水産資源の減少により，
「とる漁業」である遠洋漁業・沖合漁業が衰退，
沿岸漁業も漁獲量がのびていない。

➡近年は「 育てる漁業 」が注目されている。
…いけすなどで大きくなるまで育てる養殖業や，
稚魚などを放流して大きくなったところをとる
栽培漁業 。

食料生産をめぐる問題

●人手不足…高齢化と後継者不足。

●食料自給率 が低い。魚介類や木材も輸入が増加した。
➡畜産でも飼料の多くを輸入に頼っている。
➡海外からの安い農畜産物の輸入が増えたことによる経営難。

確認問題

(1) 大都市近郊で，都市向けに野菜などを出荷する農業を何といいますか。〔 近郊農業 〕

(2) 温暖な気候を利用し，ビニールハウスなどの施設を使って野菜の早づくりをする農業を何といいますか。〔 促成栽培 〕

(3) 魚や貝を大きくなるまで育てて，出荷する漁業を何といいますか。〔 養殖業 〕

(4) 卵をふ化させ，稚魚などを海や川に放流して大きくなってからとる漁業を何といいますか。〔 栽培漁業 〕

6 日本の工業 ·········· 42・43 ページの解答

工業地帯と工業地域

● 三大工業地帯…中京工業地帯・阪神工業地帯・京浜工業地帯

中京 工業地帯
瀬戸内工業地域　北陸工業地帯
関東内陸工業地域
京葉工業地域
北九州工業地帯　東海工業地域
阪神 工業地帯　京浜 工業地帯

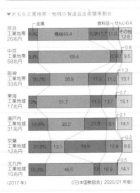

▼おもな工業地帯・地域の製造品出荷額等割合

	金属	機械	化学	食料品	せんい0.4	その他
京浜工業地帯26兆円		機械49.4	17.7	11.0		12.6
中京工業地帯58兆円	9.4%	69.4	6.2	4.7		9.5
阪神工業地帯33兆円	20.7%	36.9	17.0	11.0		13.1
東海工業地域17兆円		51.7	11.0	13.7		15.1
瀬戸内工業地域31兆円	18.6%	35.2	21.9	8.1		14.1
京葉工業地域12兆円	21.5%	13.1	39.9	15.8		9.5
北九州工業地帯10兆円	16.3%	46.6	5.6	16.9		14.1

(2017年)　(「日本国勢図会」2020/21 年版)

●京浜工業地帯
…情報の中心地で， 印刷 業がさかん。

●中京工業地帯
…豊田市を中心に 自動車 の関連工場が多い。
日本最大の工業地帯。

●阪神工業地帯
…金属工業や化学工業がさかん。

これも覚えよう
太平洋ベルト … 工業がさかんで，人口が集中している太平洋側の帯状の地域。

工業が発達している地域の特徴

●臨海部…原料や燃料の輸入，製品の輸出に便利。
➡石油化学工業，鉄鋼業などが発達。

●内陸部… 高速道路 などが整備されて，製品の輸送に便利。
➡自動車，電気機器などの組み立て工業が発達。

工業と貿易

●かつては原料を輸入し製品を輸出する 加工貿易 で栄えた。
➡現在は海外に工場を移転して 現地生産 がさかんになり，
産業の空洞化 が問題になっている。
…日本企業が海外での生産を増やすことで，日本国内の産業が衰える現象

確認問題

(1) 関東から九州北部の沿岸部に帯状に広がる工業がさかんな地域をまとめて何といいますか。〔 太平洋ベルト 〕

(2) 日本で最も製造品出荷額の多い工業地帯を何といいますか。〔 中京工業地帯 〕

(3) 東京都から神奈川県の沿岸部に広がる工業地帯を何といいますか。〔 京浜工業地帯 〕

(4) 瀬戸内海沿岸に広がる，化学工業のさかんな工業地域を何といいますか。〔 瀬戸内工業地域 〕

(5) 日本企業が海外に工場を移転し，現地の労働力を使って製品を生産することを何といいますか。〔 現地生産 〕

日本の第三次産業の変化

● 第三次産業…小売業・卸売業などの **商業** や，

宿泊・飲食業，金融・保険業などの **サービス業** 。

➡人口が多く経済活動が活発な都市や，観光客が多い都道府県は，

第三次産業の就業者の割合が高い。

② **沖縄県**
81.4%

第三次産業は，
モノの生産に
直接かかわらない
産業だよ。

⑤ 北海道 77.2%

① **東京都**
84.4%

④ 千葉県 78.3%

③ 神奈川県 78.9%

全国 73.3%〔2017年〕

75%以上　　65〜70%
70〜75%　　65%未満
※数値を示したのは割合の高い上位5都道県

▲ 都道府県別の第三次産業就業者数の割合

商業の移り変わり

● 商業の中心が，商店街やデパートからコンビニエンスストアやスーパーマーケット，
郊外の大型ショッピングセンターに変化している。

➡古くからある駅前の商店街やスーパーマーケットが閉店。

➡自動車を利用しない人々の買い物が不便になる。

★近年は **インターネット** を利用した買い物も普及している。

サービス業の成長

● サービス業…目に見えないものを提供する業種。

情報通信業，金融・保険業など。

➡情報通信技術（ICT）の発展により社会や生活が変化する
IT革命がおこり，情報通信業の売り上げが増加した。

memo
インターネットを通して，
人々は世界中の情報を簡単に
手に入れられるようになり，
生活のさまざまな場面で情報
の活用が進んでいる。

高齢者が増えた

● **高齢化** が進んでいることから，医療・福祉業も成長している。

これも覚えよう

情報格差（デジタルデバイド）
… インターネットなどの情報通信技術（ICT）を，利用できる者と
利用できない者との間にもたらされる格差。

確認問題

(1) 第三次産業のうち，卸売業や小売業を何といいますか。
〔　**商業**　〕

(2) 近年，郊外に進出している，さまざまな種類の店が集まった大型の商業施設を
何といいますか。〔　**大型ショッピングセンター**　〕

(3) 第三次産業のうち，情報通信業や金融・保険業などの業種をまとめて何といい
ますか。〔　**サービス業**　〕

(4) 世界中に網の目のようにはりめぐらされた，通信ケーブルや通信衛星を利用し
た通信網を何といいますか。〔　**インターネット**　〕

(5) 情報通信技術の発展により，社会や生活のようすが変化したことを何といいま
すか。〔　**IT革命**　〕

解説　日本の産業のまとめ

日本の農林水産業のポイント

〜ちがいを覚えよう①〜

促成栽培	抑制栽培
本来の収穫時期より早く収穫する農業の方法。 温暖な気候やビニールハウスなどを利用。	本来の収穫時期より遅く収穫する農業の方法。 涼しい気候などを利用。
例 宮崎県のピーマン，高知県のなす，静岡県のみかん	例 長野県のレタス

〜ちがいを覚えよう②〜

施設園芸	露地栽培
施設を利用する園芸農業。	屋外の畑で栽培する農業。

〜ちがいを覚えよう③〜

養殖業	栽培漁業
魚や貝をいけすなどで飼育し，食べられる大きさになったら出荷する漁業の方法。	卵から稚魚や稚貝になるまでは人の手で育て，その後，海に放流して食べられる大きさになったらとる漁業の方法。

日本の工業のポイント

・三大工業地帯 … 京浜工業地帯，
中京工業地帯，
阪神工業地帯。

・太平洋ベルト … 関東から北九州にかけての
沿岸部を帯状に結んだ工業
地域。

運輸と交通

●国内輸送は，高速道路網の発達により， 自動車 輸送が中心になった。

┗ 戸口から戸口で荷物を運べる

▼日本の貨物輸送の移り変わり

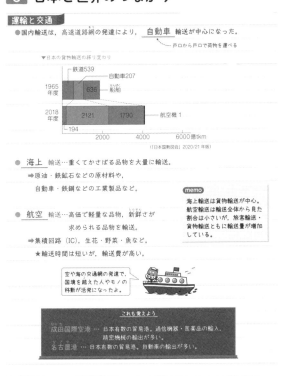

1965年度　鉄道539　自動車207　船舶636
2018年度　2121　1790　航空機1　194

2000　4000　6000億tkm

（『日本国勢図会』2020/21 年版）

● 海上 輸送…重くてかさばる品物を大量に輸送。

➡原油・鉄鉱石などの原材料や，
自動車・鉄鋼などの工業製品など。

● 航空 輸送…高価で軽量な品物，新鮮さが
求められる品物を輸送。

➡集積回路（IC），生花・野菜・魚など。

★輸送時間は短いが，輸送費が高い。

memo
海上輸送は貨物輸送が中心。
航空輸送は輸送全体から見た
割合は小さいが，旅客輸送・
貨物輸送ともに輸送量が増加
している。

空や海の交通網の発達で，
国境を越えた人やモノの
移動が活発になったよ。

これも覚えよう
成田国際空港 … 日本有数の貿易港。通信機器・医薬品の輸入，
精密機械の輸出が多い。
名古屋港 … 日本有数の貿易港。自動車の輸出が多い。

貿易

●輸出が多い貿易 黒字 の国と輸入が多い貿易 赤字 の国との間でおこる

貿易摩擦 など，貿易上の課題を解決するため，

世界貿易機関 （WTO）が話しあいを行っている。

┗ 1980年代に自動車をめぐって，輸出入のバランスが悪くなった

●日本企業は アメリカ合衆国 などとの貿易摩擦を解消するため，

海外での現地生産を進めた。

★人件費が安いアジアの国への工場移転も進めた。

▼日本のおもな貿易相手国

ドイツ49277　中華人民共和国（中国）331357　数字は輸出入総額（億円）　アラブ首長国連邦36382　韓国82709　サウジアラビア35725　アメリカ合衆国238947　ブラジル12826　オーストラリア65374　輸入　輸出

（2019年度）　（『日本国勢図会』2020/21 版）

確認問題

(1) 石油や鉄鋼などを輸送するのに適し，時間がかかる分，安く品物を運ぶことができる輸送方法は何ですか。〔 海上輸送（船舶） 〕

(2) 集積回路や生鮮品を輸送するのに適し，輸送費がかかる分，早く品物を運ぶことができる輸送方法は何ですか。〔 航空輸送（航空機） 〕

(3) 主に国家間で輸出入のバランスがくずれることでおこる，貿易上の問題を何といいますか。〔 貿易摩擦 〕

(4) 国家間の貿易上の問題を解決することを目的とした，国際機関の名称を何といいますか。〔 世界貿易機関（WTO） 〕

都道府県と地方区分

●1都1道2府43県の 47 都道府県がある。

●北海道地方，東北地方，中部地方，関東地方，近畿地方，
中国・四国地方，九州地方の7つの地方に分けられる。

近畿 地方
…三重県，滋賀県，
京都 府，
大阪府，兵庫県，
奈良県，和歌山県
の2府5県

中部 地方
…福井県，石川県，富山県，
新潟県，山梨県，長野県，
岐阜県，静岡県，愛知 県の9県

北海道 地方
…北海道の1道

中国・四国 地方
…鳥取県，島根県，
岡山県，広島 県，
山口県，徳島県，
香川県，愛媛県，
高知県の9県

東北 地方
…青森県，岩手県，
宮城 県，
秋田県，山形県，
福島県の6県

九州 地方
… 福岡 県，佐賀県，長崎県，
熊本県，大分県，宮崎県，
鹿児島県，沖縄県の8県

関東 地方
…茨城県，栃木県，群馬県，
埼玉県，千葉県，東京 都，
神奈川県の1都6県

都道府県名と都道府県庁
所在地名を覚えよう。

都道府県庁所在地

●都道府県名と都道府県庁所在地名が異なるところ

道県	道県庁所在地	県	県庁所在地	県	県庁所在地
北海道	札幌市	埼玉県	さいたま市	三重県	津市
岩手県	盛岡市	神奈川県	横浜市	兵庫県	神戸市
宮城県	仙台市	山梨県	甲府市	島根県	松江市
栃木県	宇都宮市	石川県	金沢市	香川県	高松市
群馬県	前橋市	愛知県	名古屋市	愛媛県	松山市
茨城県	水戸市	滋賀県	大津市	沖縄県	那覇市

これも覚えよう
海に面していない県
… 群馬県・埼玉県・栃木県・山梨県・
長野県・岐阜県・滋賀県・奈良県

こう覚えるといいよ！
「ぐ さ（っ）と　や な ぎ　し な（る）」
群馬/埼玉/栃木/山梨/長野/岐阜/滋賀/奈良

確認問題

(1) 日本には都道府県が全部でいくつありますか。〔 47 〕

(2) 茨城県の県庁所在地はどこですか。〔 水戸市 〕

(3) 九州地方には，いくつの県がありますか。〔 8 〕

(4) 福島県は何地方に属していますか。〔 東北地方 〕

(5) 奈良県は何地方に属していますか。〔 近畿地方 〕

第4章　日本の諸地域

1 九州地方① ・・・・・・・・・・・・・・・・・・・・・・・・・・・・・・・・・・・・・・・ 50・51 ページの解答

九州地方の自然

筑紫　平野

有明　海
ありあけ　かい
…のりの養殖がさかん。

シラス　台地
…火山灰が積もった
水はけのよい台地。

阿蘇　山
…大規模なカルデラ
がある

九州山地

宮崎　平野
…野菜の
促成栽培がさかん。

桜島
…噴火によって大隅半島
と陸続きになった

南西諸島
…さんご礁が見られる。

● 山地…中央に 九州 山地が広がる。
　➡阿蘇山，桜島など火山が多い。
　　　　　　　　…温泉や地熱発電に利用されている

阿蘇山には，世界最大級の
カルデラがあるよ。

あ，そー！
(阿 蘇)

● 台地…九州南部の火山灰が積み重なってできた シラス台地 。

● 南西諸島…周辺の浅い海には，さんごの死がいなどが重なってできた
　 さんご礁 が見られる。

● 気候…温暖だが，梅雨や台風の影響で降水量が多い。

これも覚えよう
カルデラ … 噴火によって火山にできた大きなくぼ地。
雲仙普賢岳 … 長崎県の火山で，1991年の噴火で大きな被害をもたらした。

九州地方の農業・水産業
● 筑紫平野…九州を代表する古くからの稲作地帯。米の裏作として麦を栽培する
　 二毛作 がさかん。
　　　　　　…同じ土地で，一年に二回，ちがう作物を栽培

● 宮崎平野…温暖な気候を利用して，きゅうり・ピーマンなどの野菜の
　 促成栽培 がさかん。
　　　　　…作物の生育を早め，ほかの産地よりも早い時期に収穫・出荷する

★ ビニールハウスなどを利用した施設園芸農業で，促成栽培を行っている。

● 九州南部…肉牛・豚などの 畜産 や，サツマイモや茶などの
　畑作がさかん。

● 沖縄県…さとうきび，パイナップル，花などの栽培がさかん。

確認問題
(1) 同じ耕地で，米と麦など一年に二種類の農作物を栽培する農業を何といいます
　か。　〔 二毛作 〕
(2) 南西諸島周辺に見られる，浅い海でさんごの死がいなどが重なってできた地形
　を何といいますか。　〔 さんご礁 〕
(3) 九州南部にある，火山灰などが堆積してできた台地を何といいますか。
　　〔 シラス台地 〕
(4) 九州を代表する稲作地帯である九州北部の平野を何といいますか。
　　〔 筑紫平野 〕
(5) 温暖な気候を利用して，きゅうりなどの促成栽培がさかんな九州南部の平野を
　何といいますか。　〔 宮崎平野 〕

第4章　日本の諸地域

2 九州地方② ・・・・・・・・・・・・・・・・・・・・・・・・・・・・・・・・・・・・・・・ 52・53 ページの解答

九州地方の工業
● 明治時代，現在の福岡県北九州市に
　官営の 八幡製鉄所 が建設され，
　鉄鋼業がさかんになった。
　➡ 北九州 工業地帯を形成し，かつては日本の
　　重工業の中心だった。

memo
八幡製鉄所
鉄鉱石の輸入先である
中国から近いこと，
近くにある筑田で
石炭が多く産出された
などの理由で発達。

● 1960 年代以降，北九州工業地域の工業生産は
　大幅に減った。
　…外国産の安くて良質な石炭が輸入されるようになったため。
　➡エネルギー源が石炭から石油に変わる エネルギー 革命が進み，
　　衰退した。

● 現在は自動車や IC （集積回路）など，機械工業への転換が図られている。

IC工場は空港や高速
道路の近くに多く分布
しているんだ。

I see.（なるほどね。）

九州地方の環境保全
● 工業が発展する中で水や空気の汚染が進み，各地で 公害 が発生した。
　　　　　　　　　　　　　…環境破壊や人々への健康被害

 … 工場からの排煙で，ぜんそくが引きおこされた。

・熊本県…化学工場から排出されたメチル水銀が原因で，
　 水俣病 が発生した。
　　　　…四大公害病の一つ

↓

● 公害の教訓を活かし，ごみの分別やリサイクル，環境保全に取り組んでいる。
　➡北九州市や水俣市などは， 環境モデル 都市に指定された。
　　　　　　　　　　　…脱炭素に向けた取り組みで政府から選定された都市

九州地方の工業と都市

北九州

水俣

北九州 工業地域

これも覚えよう
四大公害病 … 水俣病，
　　　　　　イタイイタイ病，
　　　　　　四日市ぜんそく，
　　　　　　新潟水俣病。

沖縄県の観光産業
● かつて 琉球 王国が栄え，独自の文化を築いていた。

● 第二次世界大戦後は，アメリカ合衆国の占領下におかれ，
　現在もアメリカ軍の 基地（専用施設） が多い。
　　　　　　　…軍用機の離着陸による騒音などの問題がある

● 温暖な気候や美しい自然と，琉球王国の文化遺産を活かした，
　 観光 産業がさかん。
　　　…リゾートの開発などが進んでいる

確認問題
(1) 明治時代に現在の北九州市に建設された官営工場を何といいますか。
　　〔 八幡製鉄所 〕
(2) 福岡県にある，第二次世界大戦前まで日本の鉄鋼の半分以上を生産していた工
　業地域を何といいますか。　〔 北九州工業地域 〕
(3) エネルギー源が石炭から石油に変わったことを何といいますか。
　　〔 エネルギー革命 〕
(4) 化学工場から流れ出たメチル水銀が原因となり，熊本県を中心に引きおこされ
　た公害を何といいますか。　〔 水俣病 〕

16

3 中国・四国地方① ·· 54・55 ページの解答

中国・四国地方の地域区分

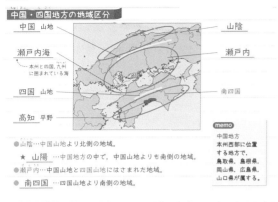

中国 山地
瀬戸内海
└ 本州と四国、九州に囲まれている海
四国 山地
高知 平野

山陰
瀬戸内
南四国

memo
中国地方
本州西部に位置する地方で、鳥取県、島根県、岡山県、広島県、山口県が属する。

● 山陰…中国山地より北側の地域。
　★ 山陽 …中国地方の中で、中国山地よりも南側の地域。
● 瀬戸内…中国山地と四国山地にはさまれた地域。
● 南四国 …四国山地より南側の地域。

中国・四国地方の気候

● 山陰… 日本海側 の気候。冬の季節風の影響により、
　　　　冬に降水量が多い。
● 瀬戸内…瀬戸内の気候。中国山地と四国山地に季節風がさえぎられ、
　　　　年間を通じて 降水量 が少ない。
　　　　➡ため池や用水路を整備し、水不足に備えてきた。
● 南四国… 太平洋側 の気候。夏の季節風の影響により、
　　　　夏に降水量が多い。

▼中国・四国地方の雨温図

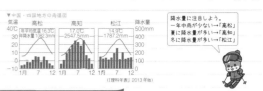

降水量に注目しよう。
・一年中雨が少ない→「高松」
夏に降水量が多い→「高知」
冬に降水量が多い→「松江」

[理科年表] 2013年版

中国・四国地方の人口の分布

● 広島 市…中国・四国地方の 地方中枢都市 。人口集中で過密となっている。
　　　　　　└ 地方の政治や経済の中心となる都市
➡1945年8月6日、 原子爆弾 が投下され、大きな被害を受けた。
➡第二次世界大戦後は復興に力が注がれ、政令指定都市となっている。

政令指定都市は、道府県が行っている多くの業務を代わりに行うことができるよ。

これも覚えよう
原爆ドーム …原子爆弾の被害を現代に伝えるために残されている建物。
世界文化遺産に登録されている。

● 山間部や離島では、少子高齢化が著しく、 過疎(化) が進行している。

確認問題
(1) 冬の季節風がぶつかる、中国地方を東西に走る山地を何といいますか。
　　〔 中国山地 〕
(2) 夏の季節風がぶつかる、四国地方を東西に走る山地を何といいますか。
　　〔 四国山地 〕
(3) 本州と四国、九州に囲まれた海を何といいますか。
　　〔 瀬戸内海 〕
(4) 中国・四国地方の地方中枢都市はどこですか。
　　〔 広島市 〕
(5) 山陰は何という気候区分に分類されますか。
　　〔 日本海側の気候 〕

4 中国・四国地方② ·· 56・57 ページの解答

中国・四国地方の産業

● 愛媛県では山の斜面でみかんの栽培が、
　高知平野では温暖な気候を利用した野菜の 促成栽培 が行われている。
　　　　　└ なすやピーマンの生産量が多い

● 広島県でかき、愛媛県でまだいの 養殖業 がさかん。
　★複雑な海岸線で、水面がおだやかな瀬戸内海は、養殖業に適している。

● 瀬戸内海沿岸は水上交通の便がよいことから、 瀬戸内工業地域 が
　形成された。
　・福山（広島県）➡製鉄業
　・水島（岡山県倉敷市）、周南（山口県）、新居浜（愛媛県）など
　　➡石油化学工業
　　★ 石油化学コンビナート が形成されている。
　　　└ 石油精製工場を中心に、関連する工場が集まっている地域
　・呉や尾道（広島県）など➡造船業
　・広島市➡自動車工業

中国・四国地方の交通

● 高速道路や、新大阪駅～博多駅を結ぶ 山陽新幹線 が
　中国地方の東西を結ぶ。

● 本州と四国の間に 本州四国連絡橋 がつくられたことで
　四国から本州へ買い物に行く人が増え、
　地方都市の経済が衰退しているという課題が生じている。
　★本州四国連絡橋
　　…瀬戸大橋（児島—坂出）
　　明石海峡大橋と大鳴門橋（神戸—鳴門）
　　しまなみ海道（尾道—今治）

本州と四国を結ぶフェリーは、橋の影響で減便になったんだよ。

■瀬戸内 工業地域

瀬戸大橋
明石海峡大橋
しまなみ海道
かきの養殖
みかん の栽培
まだいの養殖
高知 平野
└ 野菜の促成栽培が行われている。

これも覚えよう
ストロー現象 …交通網の開通で、人や資本が、地方から大都市に吸い取られる現象。
本州四国連絡橋の開通では、四国から本州の大都市に移動する人が増えた。

確認問題
(1) 高知平野でさかんな、温暖な気候を利用して行う野菜の早づくりを何といいますか。
　　〔 促成栽培 〕
(2) 瀬戸内海で行われている、まだいやかきを大きくなるまで育てる漁業を何といいますか。
　　〔 養殖業 〕
(3) 関連する工場が原料や製品を利用しあって生産の効率を高めるために計画的につくられた工場群を何といいますか。
　　〔 コンビナート 〕
(4) 中国地方の南部を東西に走る新幹線を何といいますか。
　　〔 山陽新幹線 〕
(5) 本州と四国の間につくられた橋（ルート）をまとめて何といいますか。
　　〔 本州四国連絡橋 〕

九州の農業のポイント

・九州南部は火山が多く，稲作には適さない。

　➡気候・地形を活かして，畜産，促成栽培，
　　二毛作を行っている。

～ちがいを覚えよう～

二毛作	二期作
同じ土地で，1年に2回，異なる作物を栽培。 例 筑紫平野の米と麦	同じ土地で，1年に2回，同じ作物を栽培。 例 九州のじゃがいも

四大公害病

水俣病	熊本県
四日市ぜんそく	三重県
新潟水俣病	新潟県
イタイイタイ病	富山県

中国・四国地方のポイント

・中国・四国地方は，山陰（鳥取県，島根県），
　瀬戸内（岡山県，広島県，山口県，香川県，
　愛媛県），南四国（徳島県，高知県）の三つ
　の地域に分けられる。

・瀬戸内の気候は，年中高温で降水量が少ない
　ことが特徴。

・山陰，瀬戸内，南四国でさかんな産業が異な
　る。

　　山陰 ➡ 鳥取県でなしの栽培。

　　瀬戸内 ➡ 広島県のレモンや愛媛県のみか
　　　　　　　んなど果樹栽培。

　　南四国 ➡ 高知県でなすやピーマンなどの
　　　　　　　促成栽培。

第4章　日本の諸地域
5 近畿地方① ・・・ 58・59 ページの解答

近畿地方の自然

●北部…なだらかな山地が広がる。 日本海側 の気候。
　　　　←冬の降水量が多い

●中央…低地で平野や 盆地 があり，
　　　　夏の暑さと冬の寒さが厳しい。

●南部…険しい紀伊山地が広がる。
　　　　温暖で降水量が多い 太平洋側 の気候。

気温 北部（舞鶴） 降水量
年平均気温14.5℃
年降水量1826.6mm

気温 南部（潮岬） 降水量
17.3℃
2519.0mm
（『理科年表』2020/21年版ほか）

舞鶴　若狭湾
京都盆地
琵琶湖
　　面積が日本一の湖で，
　　「近畿の水がめ」とよばれる

リアス 海岸
　海岸線が複雑に入り組んだ海岸

奈良盆地

英虞湾
潮岬

紀伊 山地

近畿地方の産業

●人口の多い大都市周辺では， 近郊農業 がさかん。
　　　　　農産物の消費地や市場への近さを活かす

●和歌山県…温暖な気候を活かして みかん や梅の栽培がさかん。

●紀伊山地…古くから，すぎやひのきの産地として 林業 がさかん。

●英虞湾… 真珠 の養殖がさかん。

●阪神工業地帯…大阪湾沿岸に広がる。

　➡せんい工業を中心に発展し，
　　現在は機械工業がさかん。

　★東大阪市周辺では，小さな部品製造から
　　先端技術産業まで，さまざまなモノをつくる
　　中小企業 が多い。

阪神 工業地帯

memo
中小企業
製造業においては，資本金
3億円以下または従業員数
300人以下の企業のこと。

　➡工業地帯では，工業用水のくみ上げによって 地盤沈下 が発生。

　★工業用地の拡大のために大阪湾の埋め立てが進み，現在では
　　太陽光発電のパネルや蓄電池などの新しい分野の工場が建てられた。

●大阪（京阪神）大都市圏…大阪を中心に，京都・神戸・奈良などが含まれる
　　　　　　　　　　　　　人口が多い地域。

確認問題

(1) 「近畿の水がめ」とよばれる，日本一面積の大きな湖を何といいますか。
　　　　　　　　　　　　　　　　　　　　　　　　　　〔 琵琶湖 〕

(2) すぎやひのきの生産が行われてきた，林業がさかんな近畿地方南部の半島を東
　西に走る山地を何といいますか。 〔 紀伊山地 〕

(3) 大阪湾沿岸に広がる工業地帯を何といいますか。
　　　　　　　　　　　　　　　　　　　　　　〔 阪神工業地帯 〕

(4) 大阪を中心に，京都や神戸，奈良など人やモノの移動で強い結びつきを持つ地
　域を何といいますか。 〔大阪（京阪神）大都市圏〕

(5) 若狭湾や英虞湾付近に見られる，海岸線が複雑に入り組んだ海岸を何といいま
　すか。 〔 リアス海岸 〕

6 近畿地方② 60・61 ページの解答

近畿地方の歴史

●710年に都として平城京がつくられた <u>奈良</u> や，
794年に都として平安京がつくられた <u>京都</u> は，古い歴史を持つ古都である。
➡伝統的な建物と歴史的景観を維持する努力がなされている。
➡京都の <u>西陣</u> 織や <u>清水</u> 焼，奈良の <u>奈良墨</u> や奈良筆など，
伝統的工芸品の生産がさかん。

▲西陣織　▲清水焼　▲奈良墨

● <u>大阪</u> …江戸時代に全国から物資が集まる商業の拠点であったことから
「 <u>天下の台所</u> 」とよばれた。

●地方別の重要文化財に登録されているものの数は，
近畿地方が最も多い。
➡近畿地方の中では <u>京都府</u> ，奈良県，滋賀県の順に多い。

近畿地方には，世界文化遺産がたくさんあるよ。

<u>姫路</u> 城

・世界文化遺産
古都京都の文化財
京都
古都奈良の文化財
大阪
奈良
百舌鳥・古市古墳群
法隆寺地の仏教建造物
紀伊山地の霊場と参詣道
▲近畿地方の世界文化遺産

近畿地方の発展

●大阪を中心に卸売業が発展し，明治時代以降には工業化が進んだ。
➡大正〜昭和時代に，私鉄の沿線に住宅地や商業地などが開発された。

●郊外に <u>ニュータウン</u> がつくられてきた。
➡大阪府の千里や泉北につくられたニュータウンは，
開発から50年以上が経ち，
建物の老朽化と住民の少子高齢化が進んでいる。

近畿地方でも，都市から離れた場所では，過疎化が進んでいるよ。

●近年は，大阪湾沿いで再開発が進められた。
➡人工島に <u>関西国際</u> 空港，<u>ポートアイランド</u> や六甲アイランド。
●神戸を中心に，1995年に <u>阪神・淡路</u> 大震災の被害を受けた。
➡今後に備えて対策が進められている。

これも覚えよう
兵庫県明石市 … 日本の標準時子午線（東経135度）が通る。

確認問題

(1) 奈良や京都のように，政治の中心として古くからの歴史がある都市を何といいますか。〔 古都 〕

(2) 江戸時代に「天下の台所」とよばれ，商業の中心地として栄えた都市はどこですか。〔 大阪 〕

(3) 都市部の過密化を防ぐため，郊外につくられた住宅地を何といいますか。〔 ニュータウン 〕

(4) 兵庫県にある，世界文化遺産に登録されている城を何といいますか。〔 姫路城 〕

(5) 1995年，兵庫県南部地震によって，神戸を中心に広い範囲で被害を受けた災害を何といいますか。〔 阪神・淡路大震災 〕

---

7 中部地方① 62・63 ページの解答

中部地方の自然

●中部地方の日本海側の地域を北陸，太平洋側の地域を東海，
内陸部の標高の高い地域を中央高地という。

<u>飛驒</u> 山脈
<u>木曽</u> 山脈
<u>赤石</u> 山脈
<u>濃尾</u> 平野
水害に備えた輪中が見られる

北陸
越後平野
中央高地
<u>信濃川</u>
日本一長い河川
<u>日本アルプス</u>
別名「日本の屋根」
渥美半島
東海

memo
川に囲まれた標高の低い地域に，堤防で輪のように囲んだところを輪中という。

日本アルプスの山脈は，南から「赤い木，飛ぶ」って覚えるといいよ！

これも覚えよう
日本アルプス … 標高3000m級の山々（飛驒山脈・木曽山脈・赤石山脈）の総称。

● <u>北陸</u> …日本海側の気候に属する地域。
➡冬に北西から季節風が吹くため降水量が多く，<u>豪雪</u> 地帯。

● <u>東海</u> …太平洋側の気候に属する地域。
➡夏から秋は降水量が多く，冬は温暖。

中部地方の農業

● <u>中央高地</u> …中央高地の気候に属する地域。
➡盆地は，夏の気温が高い。
★高原は，夏も涼しく避暑地となるところもある。

中部地方の農業

地域それぞれの自然や気候に合った農業が行われている。

新潟県のコシヒカリは，銘柄米として有名だね。

●北陸…日本を代表する穀倉地帯。
一年に一回だけ稲作を行う（水田）単作がさかん。

●中央高地…高原を中心に，レタスやキャベツなどの <u>抑制</u> 栽培。
扇状地で，りんご・ <u>ぶどう</u> ・ももなどの果物を栽培。
山梨県と長野県で収穫量全体の約4割を占める

●東海…渥美半島で，メロンや <u>電照菊</u> などの施設園芸農業。
菊に光を当てて開花時期を調整している
静岡県の丘陵地では，<u>茶</u> やみかんの栽培がさかん。
明治時代から栽培がさかん

これも覚えよう
中部地方の漁業
焼津港 … 静岡県の代表的な漁港。遠洋漁業の基地で，全国有数の水揚げ高。

確認問題

(1) 野菜などを旬の時期よりも遅く育てる栽培方法を何といいますか。〔 抑制栽培 〕

(2) 北陸などで見られる，一年に一回だけ稲作を行う農業を何といいますか。〔（水田）単作 〕

(3) 飛驒山脈，木曽山脈，赤石山脈を総称して何といいますか。〔 日本アルプス 〕

(4) 日本で最も長い河川を何といいますか。〔 信濃川 〕

中部地方の工業

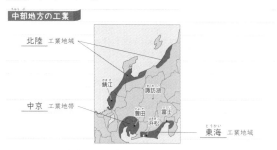

北陸 工業地域

鯖江　諏訪湖

中京 工業地帯

豊田　富士
浜松

東海 工業地域

● 中京工業地帯
…愛知県を中心とする日本最大の工業地帯。

　<u>自動車</u> 工業がさかんで，

　豊田市やその周辺に関連工場が集まる。

▼中京工業地帯の製造品出荷額等の割合

食料品 4.7
せんい 0.8
(2017年)　(「日本国勢図会」2020/21年版)

▼主な工業地帯，工業地域の製造品出荷額等

中京工業地帯	58 兆 9,550 億円
阪神工業地帯	33 兆 6,597 億円
関東内陸工業地域	32 兆 161 億円
瀬戸内工業地域	31 兆 1,899 億円
京浜工業地帯	25 兆 2,929 億円

(2019年)　(経済産業省「工業統計調査」より作成)

愛知県豊田市は，自動車企業
の「企業城下町」といわれて
いるよ。

● 東海工業地域 …静岡県沿岸部を中心とする工業地域。
　・浜松市➡オートバイや <u>楽器</u> の生産がさかん。
　・富士市など➡製紙・ <u>パルプ</u> 工業がさかん。

● 北陸工業地域 …新潟県や富山県を中心とする工業地域。
　➡化学工業が発達している。

●北陸では，特定の地域で，その地域の原料などと結びついた特産品を製造する
　<u>地場産業</u> が発展している。

　➡福井県鯖江市のめがねフレームのように，古くは農家の副業として始まり，

　現在でも受け継がれる伝統的工芸品をつくる産業を， <u>伝統産業</u> という。

北陸の地場産業として，
・石川県の輪島塗
・新潟県燕市の金属製品
・富山県の製薬
などがさかんだよ。

冬に積雪で農業ができ
ない間に，農家が作業
したことが始まりだっ
たんだね。

これも覚えよう

富山県のアルミニウムサッシ
…地場産業である銅器の製造技術と，黒部ダムの水力発電を活かし，
大量の電力と水を使用するアルミニウム工業を発展させた。

●長野県諏訪湖周辺では，戦前からの製糸技術と，きれいな空気や水を活かして
　精密機械工業が発達した。

確認問題

(1) 日本一の工業出荷額である，愛知県を中心とした工業地帯を何といいますか。
　　〔　中京工業地帯　〕

(2) 愛知県豊田市などで製造がさかんな輸送用機械は何ですか。
　　〔　自動車　〕

(3) 静岡県に広がる，オートバイや楽器の生産がさかんな工業地域を何といいますか。
　　〔　東海工業地域　〕

(4) 新潟県や富山県を含む一帯に広がる工業地域を何といいますか。
　　〔　北陸工業地域　〕

(5) 福井県鯖江市のめがねフレームの製造のように，古くから地域の特産品を生産
　　している産業を何といいますか。
　　〔　地場産業　〕

解説 近畿地方と中部地方のまとめ

近畿地方のポイント

・中央部の平野は，古くから栄えてきた。

・京都 … 平安京から発展。

・奈良 … 平城京から発展。

・大阪 … 江戸時代に「天下の台所」とよばれ，
　　　　商業がさかん。

・民間の鉄道会社（私鉄）によって鉄道が整備
　され，人々が鉄道を利用して住宅地や観光地
　などを行き来するようにまちづくりが進めら
　れた。➡過密解消のためニュータウンの建設
　など。

・紀伊半島の南端の潮岬は，日本有数の豪雨地
　域。（台風が近くを通ることが多い）

中部地方のポイント

・中京工業地帯は日本最大の工業地帯。
　豊田市周辺 ➡ 自動車工業がさかん。
　四日市市 ➡ 石油化学工業がさかん。

▼中京工業地帯の製造品出荷額等の割合

食料品 4.7
せんい 0.8
(2017年)　(「日本国勢図会」2020/21年版)

・名古屋港 … 日本有数の貿易港。
　　　　　　自動車の輸出，天然ガスや鉄鉱
　　　　　　石の輸入が多い。

〈地域区分ごとの特色ある農業〉

　・北陸…稲作

　・中央高地…高原野菜の抑制栽培

　・東海…愛知→電照菊，キャベツ

　　　　　静岡→茶，みかん，いちご

関東地方の自然

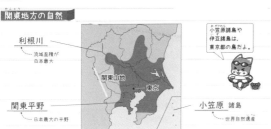

利根川
└ 流域面積が
日本最大

関東山地

東京

関東平野
└ 日本最大の平野

小笠原 諸島
└ 世界自然遺産

小笠原諸島や
伊豆諸島は、
東京都の島だよ。

●関東平野には、風に飛ばされてきた火山灰が積もってできた、
　__関東ローム__ とよばれる赤土の地層が見られる。
　➡利根川や多摩川など多くの河川の流域には、低地が広がる。

●関東地方の気候…__太平洋側__ の気候。
　★内陸部では、冬に冷たく乾いた
　　北西の季節風（ __からっ風__ ）が吹く。

日本海側
しめった風が
雪をふらせる

太平洋側
乾燥した風が
吹きつける

　★小笠原諸島・伊豆諸島などは
　　__亜熱帯__ 性の気候で、観光業などのレジャー産業がさかん。
　　└ 熱帯に近い温帯

●ヒートアイランド現象…都市部の気温が、周辺と比べて高くなる
　　現象。植物の減少や、エアコンからの熱い排気などが原因。

関東地方の人口

● __東京__ …日本の首都で、国会議事堂や最高裁判所など、
　　国の政治の中枢機能が集中している。

●東京には多くの企業や学校があり、周辺の地域や県から通勤・通学者が
　集まることから、夜間人口よりも __昼間人口__ のほうが多い。
　└ その地域に住んでいる人口　　　└ 昼間、その地域で過ごしている人口

●都心の西側の新宿、渋谷、池袋などの鉄道のターミナル駅周辺は、都心の機能を
　補っており、__副都心__ とよばれる。新宿には東京都庁がある。

memo
昼間人口…夜間人口から、通勤や通学のために
その地域から出ていく人口をひいて、逆にその
地域に入ってくる人口をたした人口のこと。

観光や買い物など
で移動している人
は含まないよ。

●東京23区へ通う人々が暮らす住宅地は、郊外だけでなく神奈川県・埼玉県・千葉県・
　茨城県など周辺の県にまで広がり、__東京大都市圏__ を形成している。
　➡日本の人口の約 __4__ 分の1が集中している。

●東京大都市圏は人口集中による __過密__ のため、ごみの増加、
　通勤時間の混雑・交通渋滞などの __都市問題__ がおきている。
　➡多摩・海浜など郊外に、__ニュータウン__ という住宅団地を建設。
　➡都心部の再開発。

確認問題

(1) 日本最大の平野を何といいますか。
〔　関東平野　〕

(2) 日本で最も流域面積の広い河川を何といいますか。
〔　利根川　〕

(3) 日本の首都であり、政治や経済、文化の中心となっている都市はどこですか。
〔　東京　〕

(4) 日本の首都を中心とした大都市圏を何といいますか。
〔　東京大都市圏　〕

(5) 通勤・通学者が集まる地域では、ふつう、夜間人口と昼間人口のどちらが多く
なりますか。
〔　昼間人口　〕

関東地方の工業

●原料や製品の移動に便利な臨海部の埋め立て地に、工業地帯・工業地域が広がる。
　➡京浜工業地帯（東京～神奈川）…機械工業や出版・印刷業がさかん。
　　　　└ 自動車などの輸送機械　　　　　　└ 東京は文化の発信地
　➡京葉工業地域（東京～千葉）…石油化学工業や鉄鋼業がさかん。
　　　　　　　　　　　　└ 石油化学コンビナート

京浜は、東京から
横浜にかけての
地域をさすよ。

京葉は、東京から
千葉にかけての
地域だね。

●近年は高速道路などの交通が発達したことで、安くて広い用地のある内陸部に
　__工業団地__ がつくられ、関東内陸工業地域が形成された。
　➡自動車などの機械工業や食料品工業がさかん。
　★__外国人労働者__ を積極的に受け入れてきた工場も多い。
　　　└ 群馬県大泉町に多く住む日系ブラジル人など

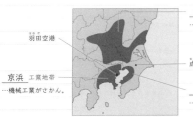

北関東 工業地域
…機械工業・食料品
　工業がさかん。

羽田空港

成田国際空港

京浜 工業地帯
…機械工業がさかん。

京葉 工業地域
…化学工業がさかん。

▼関東地方の工業地帯・工業地域の製造品出荷額等割合

	金属	機械	化学	食料品	せんい'02
京葉工業地域 12兆円	21.5%	13.1	39.9	15.8	15.1
北関東工業地域 31兆円	13.9%	45.0	9.9	15.8	16.1
京浜工業地帯 32兆円	8.9%	49.4	17.7	11.0	12.6

(2017年)　　　　　　『日本国勢図会』2020/21年版

関東地方の農業

●大都市に近いことから __輸送費__ が安く、新鮮なまま出荷・販売ができる
　__近郊農業__ がさかん。
　➡茨城県（はくさい、ピーマン）や千葉県（ほうれんそう、ねぎ）

●群馬県嬬恋村では涼しい気候を活かした __高原野菜__ の栽培。
　　　　　　　　　　　　　　　　└ キャベツの抑制栽培

関東地方の交通・通信

● __成田国際__ 空港（千葉県）…貿易額日本一の空港。

● __羽田__ （東京国際）空港（東京都）…国内・海外ともに多くの便の
　　　　　　　　　　　　　　　　　発着地となっている日本最大規模の空港。

●テレビ局やインターネット関連企業などの情報通信産業は、東京に集中。

これも覚えよう
ターミナル駅… 都心と郊外などを結ぶ列車が発着する駅のこと。他の路線と
の連絡があり、多くの人が乗り換えなどで利用する。
東京の新宿・池袋・渋谷、大阪の梅田・難波など。

確認問題

(1) 東京都から神奈川県に広がる工業地帯を何といいますか。
〔　京浜工業地帯　〕

(2) 千葉県を中心に広がる工業地域を何といいますか。
〔　京葉工業地域　〕

(3) 栃木県・群馬県・埼玉県・茨城県にまたがる工業地域を何といいますか。
〔　北関東工業地域　〕

(4) 大都市に近いことを活かして野菜などを新鮮なまま出荷・販売する農業を何と
いいますか。
〔　近郊農業　〕

(5) 貿易額日本一の空港はどこですか。
〔　成田国際空港　〕

東北地方の自然

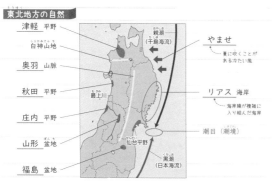

津軽 平野
白神山地
奥羽 山脈
秋田 平野
庄内 平野
山形 盆地
福島 盆地
最上川
仙台平野

親潮（千島海流）
やませ
└ 夏に吹くことが
ある冷たい風
リアス 海岸
└ 海岸線が複雑に
入り組んだ海岸
潮目（潮境）
黒潮（日本海流）

これも覚えよう
東北地方の気候は，奥羽山脈を境に
西側が日本海側の気候，東側が太平洋側の気候になっている。

● 三陸海岸…青森県南東部から宮城県東部まで続く海岸。
南部ではリアス海岸が見られる。

★ 2011年の東北地方太平洋沖地震では，津波などさまざまな被害が
出た（ **東日本大震災** ）。

● 白神 山地…青森県と秋田県の県境に位置する，ぶなの原生林が広がる地域。
世界自然遺産に登録されている。

● 最上川…庄内平野を流れる日本三大急流の一つ。

東北地方の農業

● 稲作…秋田平野や庄内平野，仙台平野を中心にさかん。
➡ 米の生産量は，都道府県別では新潟県が第1位であるが，
地方別では東北地方が第1位。日本の穀倉地帯。
➡ やませで **冷害** の被害を受けることもある。
★ 品種改良により，冷害に強い米も開発された。

● 果樹栽培…水はけのよい扇状地でさかん。
津軽平野➡ **りんご**　山形盆地➡ **さくらんぼ**　福島盆地➡ **もも**

● 畜産…主に岩手県で肉牛，乳牛，肉用若鶏などの飼育がさかん。

東北地方の水産業

● 三陸海岸はリアス海岸が続き，波がおだやかなため，
わかめ，ほたてなどの **養殖** が行われる。

● 寒流の親潮（千島海流）と暖流の黒潮（日本海流）がぶつかるところに
潮目（潮境） ができる。プランクトンが豊富で，好漁場となっている。

確認問題
(1) 東北地方は稲作がさかんなことから，日本の何地帯とよばれていますか。
〔 **穀倉地帯** 〕
(2) 東北地方の中央部を南北に走り，日本海側の気候と太平洋側の気候に分ける山脈を何といいますか。
〔 **奥羽山脈** 〕
(3) 夏に東北地方の北東部に吹くことがある，冷たい風を何といいますか。
〔 **やませ** 〕
(4) 山地や谷が海に沈んでできた，入り江の連なる海岸地形を何といいますか。
〔 **リアス海岸** 〕

東北地方の年中行事

● 東北三大祭り…夏に行われ，多くの観光客が訪れる。
・青森ねぶた祭　➡青森県青森市。
・秋田竿燈まつり➡秋田県秋田市。
・仙台七夕まつり➡宮城県仙台市。

▲東北地方の祭りの開催地

青森ねぶた祭
└ ねぶたとよばれる
灯籠が有名
秋田竿燈まつり
└ 竿燈を持って
練り歩き，豊作を
願う祭
山形花笠まつり
仙台七夕まつり
└ 仙台市内が
笹飾りで彩られる

● なまはげ
・男鹿半島（秋田県）の行事。「男鹿のナマハゲ」として
国の **重要無形民俗文化財** に指定されている。
・2018年には，全国の来訪神行事とともに，ユネスコの
無形文化遺産に登録された。

東北地方の伝統産業

● 農作業のできない冬の仕事として昔から行われている
工芸品づくりが， **伝統産業** として続いている。

伝統的工芸品には，
地元の森林資源や鉱
産資源が利用されて
きたんだ。

伝統的工芸品
高速道路
津軽塗
大館曲げ
わっぱ
南部鉄器
天童将棋駒
宮城伝統こけし
会津塗

▲東北地方の主な伝統的工芸品と高速道路

● 地場産業と伝統産業
・地場産業は，特定の地域で，その地域の原料などと結びついた
特産品を製造する産業。
・伝統産業は，その地方の伝統技術を受け継いで，伝統的工芸品を製造する産業。
古い歴史があり，主に手作業で行う。地場産業の中に伝統産業が含まれる。

東北地方の工業と都市

● 近年，高速道路の発達により， **東北自動車道** 沿いに
IC工場などの工業団地が形成された。

● **仙台** 市…東北地方の地方中枢都市。政令指定都市。

確認問題
(1) 東北三大祭りのうち，青森県青森市で行われる祭りを何といいますか。
〔 **青森ねぶた祭** 〕
(2) 東北三大祭りのうち，宮城県仙台市で行われる祭りを何といいますか。
〔 **仙台七夕まつり** 〕
(3) 東北三大祭りのうち，秋田県秋田市で行われる祭りを何といいますか。
〔 **秋田竿燈まつり** 〕
(4) 地元の原材料を使って，昔から行われている工芸品をつくる産業を何といいますか。
〔 **伝統産業** 〕

解説 関東地方（かんとう）と東北地方（とうほく）のまとめ

関東地方のポイント

・首都東京は政治・経済・情報の中心地。

・東京港・横浜港（よこはま）

　…日本有数の貿易港。横浜港は自動車・自動車部品の輸出が多い。

・関東地方の工業

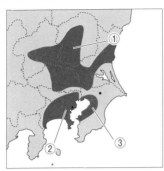

①北関東工業地域

　（自動車工業・精密機械工業）

②京浜工業地帯（けいひん）（機械工業・印刷業）

③京葉工業地域（けいよう）（鉄鋼業・石油化学工業）

東北地方の農業・水産業のポイント

・稲作（いなさく）（秋田県・山形県・宮城県など），果樹栽培（さいばい）（山形県・福島県），高地では畜産（ちくさん）（岩手県）がさかん。

・三陸海岸（さんりく）沿岸の水産業

➡沖合に潮目（しおめ）（潮境（しおざかい））が形成され，好漁場（こう）となっている。

➡リアス海岸の湾内（わんない）で，養殖業（ようしょく）がさかん。

　（こんぶ・わかめ・かきなど。）

➡気仙沼港（けせんぬま）・石巻港（いしのまき）・八戸港（はちのへ）などは，水揚げ（みずあ）が多い。

★三陸海岸では2011年，東北地方太平洋沖地震（じ）（東日本大震災（しん））による津波（つなみ）で，沿岸部を中心に大きな被害（ひがい）を受けた。

その後，人々の協力によって，復興作業が行われている。

北海道地方の自然

オホーツク海

石狩 川（いしかり）

択捉 島（えとろふ）

石狩 平野（いしかり）

国後島（くなしり）

知床半島（しれとこ）

色丹島（しこたん）

札幌（さっぽろ）

歯舞群島（はぼまい）

石狩川の下流に広がる

日高 山脈（ひだか）

十勝 平野（とかち）

根釧 台地（こんせん）

● 知床 半島（しれとこ）…冬にはオホーツク海から 流氷（りゅうひょう）がおし寄せる。

➡知床として 世界自然遺産 に登録されている。

➡生態系の保全と観光を両立するための
　エコツーリズム の取り組みが進められている。

● 北海道は火山が多い

➡洞爺湖（とうやこ）などの カルデラ 地形や温泉など，地形（ちけい）に影響（えいきょう）を与えた。

　火山灰や溶岩の噴出後にできる大きなくぼ地

➡2000年に有珠山（うすざん）が噴火（ふんか）したが，避難情報の発信や砂防ダムの設置，
　防災マップ（ ハザードマップ ）の活用により減災（げんさい）されている。

★洞爺湖や有珠山周辺はユネスコ世界ジオパークに認定されている。

● 根釧台地（こんせん）…火山灰が積もって形成された台地。
　濃霧 の影響（えいきょう）で，夏でも冷涼な気候。

　日光をさえぎる

memo
根釧台地の濃霧（のうむ）は，夏の水分の多い南東風が親潮（素流）で冷やされて，空気中の水蒸気が霧となってできる。

北海道地方の歴史

● 気候…北海道の気候。 冷帯（亜寒帯（あかんたい）） に属する。
　夏は涼しく過ごしやすいが，冬の寒さが厳しい。

北海道は寒く，雪が多いから，さまざまな工夫がなされているよ。

窓や玄関を二重にしたり，壁に断熱材を入れたりしているね。

これも覚えよう
ロードヒーティング … 道路の下に電熱線などを通して，道路の雪を溶かすための装置。

● アイヌ 民族…北海道の先住民族。狩りや漁をして暮らしていた。

★北海道の地名にはアイヌ語が由来のものも多い。

● 明治時代に，政府が札幌に 開拓使（かいたくし） という役所を置き，
　屯田兵（とんでんへい） や各地からの移住者によって開拓（かいたく）が行われた。

北海道の警備と開拓にあたった農兵。ふだんは農民，戦時には兵士

● 札幌 市…明治時代に作られた計画都市で，整然（せいぜん）目状の道路網が特徴。

北海道の地方中枢都市。

▲アイヌ

確認問題

(1) 知床は，ユネスコによって何に登録されていますか。 〔 世界自然遺産 〕

(2) 北海道南東部で，夏の季節風が親潮に冷やされることで発生するものは何ですか。 〔 濃霧 〕

(3) 日高山脈の東に位置する平野を何といいますか。 〔 十勝平野 〕

(4) 北海道の北東に位置する海域を何といいますか。 〔 オホーツク海 〕

(5) 北海道の先住民族を何といいますか。 〔 アイヌ民族（アイヌの人々） 〕

北海道地方の農業

●北海道地方の農地は、全国平均に比べて広い。

● <u>大規模</u> な経営を行っているのが特色で、
大型機械を使って耕作している。

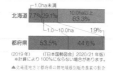

	1.0ha未満		10.0ha以上
北海道	7.7% 29.1%		63.3%
	↑ 1.0~10.0ha		1.9%
都府県	53.5%		44.6%

(2019年)（「日本国勢図会」2020/21年版）
※計算により100%にならない場合があります。
▲北海道地方と都府県の農地規模別経営農家の割合

●石狩平野…客土や排水で泥炭地の土壌改良を行い、
<u>品種改良</u> で寒さに強い稲を生み出して、
稲作を行っている。

memo
他の土地から
土をもってきて、
土地を改良する
方法を客土という。

●根釧台地…冷涼な気候で稲作や畑作に不向き
であったが、<u>酪農</u> がさかんに
なった。

冷涼な気候でも育つ
牧草を栽培し、乳牛を
育てているよ。

● <u>十勝平野</u> …火山灰が積もった土壌で水はけがよく、
農作物の栽培に不向きだったが、改良によって
日本有数の畑作地帯となった。

→小麦・ <u>てんさい</u> ・じゃがいもなどの栽培がさかん。
└ さとうの原料

▲てんさい

→年ごとに栽培する作物を順番に変えることで、
土壌中の養分を安定させる <u>輪作</u> という方法が、
多くの畑で行われている。

北海道地方の水産業

大きくなるまで育てる ↗

●サロマ湖…ほたて貝の <u>養殖</u> や、稚貝をオホーツク海へ放流する
<u>栽培漁業</u> が行われている。
└「育てる漁業」

● <u>釧路</u> 港・根室港は、水揚げが多い。

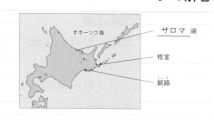

オホーツク海	<u>サロマ</u> 湖
	根室
	釧路

これを覚えよう
<u>北洋漁業</u> … かつてさかんであった、アラスカ海など遠い北の海で行う漁業。
排他的経済水域の設定などで、大きく制限されるようになった。

北海道地方の工業・観光業

●北海道でとれた原料を加工する <u>食品工業</u>
（農畜産物加工、水産加工）、製紙業などがさかん。

生乳は、牛乳やバター、
チーズに加工されるよ。

●北海道の自然、雪や寒さを活かした <u>観光</u> 産業もさかん。
★札幌市の「さっぽろ雪まつり」

確認問題

(1) 石狩平野で栽培がさかんなものは何ですか。　〔 稲（米） 〕
(2) 石狩平野で行われた、他の土地から土をもってくることで土地を改良する方法
を何といいますか。　〔 客土 〕
(3) 十勝平野で行われている、年ごとに作物を変える栽培方法は何ですか。
〔 輪作 〕
(4) 根釧台地でさかんな、乳牛などを飼育する農業は何ですか。　〔 酪農 〕
(5) 北海道で行われている、ほたて貝などの稚貝を海に放流し、大きくなってから
とる漁業を何といいますか。　〔 栽培漁業 〕

地図記号

●地図記号…その土地がどう利用されているかを表す記号。

◎	市役所	文	小・中学校	✚	病院
⊖	郵便局	✕	交番	☼	工場
⚡	発電所・変電所	血	博物館・美術館	📖	図書館
血	老人ホーム	⊞	神社	卍	寺院
‖	田	∨	畑	○	果樹園

●地図記号の覚え方

⊖ <u>郵便局</u> …円の中に郵便記号

☼ <u>工場</u>…歯車の形

⚡ <u>発電所・変電所</u>…歯車から電線が二本

文 <u>小・中学校</u>…「文」字を学ぶ場所

血 <u>老人ホーム</u> …家の中につえ

○ <u>果樹園</u> …果実の形

方位

●地図上ではふつう、上が <u>北</u> を示す。

16方位 ▶

縮尺

● <u>縮尺</u> …実際の距離を縮めた割合。

●地形図上の長さから実際の距離を求めるには、
「地図図上の長さ×縮尺の分母」を計算する。

例題① 縮尺が 25,000 分の 1 の地形図上で 4cm の長さは、実際は何 km か。

→ <u>4</u> (cm) × 25,000 = 100,000 (cm)
= <u>1,000</u> (m)
= <u>1</u> (km)

例題② 縮尺が 50,000 分の 1 の地形図上で 6cm の長さは、実際は何 km か。

→ 6 (cm) × <u>50,000</u> = 300,000 (cm)
= <u>3,000</u> (m)
= <u>3</u> (km)

これを覚えよう
<u>等高線</u> … 同じ高さの地点を結んだ線。主曲線・計曲線などがある。

確認問題

(1) 文 の地図記号が示すものは何ですか。　〔 小・中学校 〕
(2) ⊞ の地図記号が示すものは何ですか。　〔 神社 〕
(3) 📖 の地図記号が示すものは何ですか。　〔 図書館 〕
(4) ✚ の地図記号が示すものは何ですか。　〔 病院 〕
(5) ✕ の地図記号が示すものは何ですか。　〔 交番 〕